10 MANDAMIENTOS DE LICENSING

Los diez mandamientos del Licensing
Primera edición | Octubre, 2025

Ilustraciones de interiores | Janduy Barreto Páez
Foto de portada e imágenes en interiores | ©La Panadería

www.ordinalbooks.com
contacto@ordinalbooks.com

ISBN | 978-970-96888-0-1
Impreso en México
Printed in Mexico

10 MANDAMIENTOS DE LICENSING

MACA ROTTER

AGRADECIMIENTOS

Cuando vi impresa la primera edición de este libro, descubrí un sentimiento completamente nuevo en mi vida; sentí un enorme orgullo porque pensé que había llegado al "final" de un sueño. Sin embargo, hoy me doy cuenta de que nunca se llega un realmente a ese punto, pues siempre existe la oportunidad de continuar.

Eso escribí cuando publicamos la segunda edición y ¿qué creen? ¡Que la que hoy tienen en sus manos, es la TERCERA!

La Panadería, nuestra agencia, está cumpliendo 9 años, 9 años en los que sobrevivimos una pandemia global y y aunque más de la mitad de los que la fundamos han encontrado su camino en otro lado a muchos otros su camino los ha traído a nuestra casita de Coyoacán. Y a pesar de que pasa el tiempo, sigo pensando que soy la persona más afortunada que conozco, y no sólo lo reconfirmo, sino que lo vivo cada día.

Hoy Chespirito, que en un temprano momento de mi carrera me dio su apoyo y me confió a sus importantísimos personajes, sigue cerca de mi corazón y lo extraño cada día; hoy sigo sus consejos al pie de la letra, ¡y funcionan!

Además de él, quiero dar gracias a un montón de personas sin las que este sueño y este logro no hubieran sido posibles:

A Jess, mi socia, una mujer extraordinaria, que con la llegada de Luciano, ha complementado la balanza de vida que nos regaló nuestra Panadería, con un amor que no conocíamos y hoy nos hace priorizar otras cosas y ver confirmado lo que siempre he dicho, que ser profesional y ser madre es posible, y aunque yo no lo viví de primera mano, ¡imposible haberlo vivido más de cerca! La veo cada día con el mayor orgullo como la profesional que es, pero sobre todo como la madre en la que se está convirtiendo.

Gracias a Carlos, mi hermano mayor y el mayor descubrimiento que me regalara Panadería; se ha convertido en nuestro guardián, la paz de nuestras noches, pues sabemos que se cumple con cada cosa con integridad y que cada número cuadra; ha logrado llevarnos financieramente a buen puerto en las buenas y en las malas.

A Habacuc, que es un maestro de vida y de *#comoaprenderaserelmejoraunquenoentiendasnada*

Gracias, Don Vic, Rigo y Mary, pues sin ustedes nada funcionaría en la casita; gracias **A Maggie,** que hace que todo funcione como relojito, tanto la informacion como la casa (difícil mancuerna, pero lo logra).

Gracias a mi Adisita que me aguanta, me cuida, me consiente y hace que las cosas en mi vida (literalmente) funcionen y avancen, que yo esté donde tengo que estar y que cumpla mis obligaciones, con esta menopáusica memoria que no me da tregua.

A Keto, nuestro paciente 0, ¡ah no, perdón!, nuestro empleado 0 y hoy flamante director financiero; **a Aye**, hoy Directora comercial; **a Diana**, hoy directora de mkt y retail; **a Yatz y Mariana**, quienes dirigen con maestría los retos creativos y logran que nuestros estándares sean cada vez más altos, ¡y nos ayudan a alcanzarlos!, y a Jen, que crece cada día buscando cómo dirigir mejor nuestro ADN y el contenido, mientras descubre el mundo del "LBEshow en vivo" y sus infinitas variantes. Y así podría seguirme con cada uno: gracias a Andy, siempre abierta y al pie del cañóncañon; Poncho, implacable y responsable como pocos; Isra, un ejemplo de lucha y trabajo que da frutos día con día; Lore, nuestra enciclopedia desde el día UNO de Panadería y una causa de orgullo personal muy profundo, pues es panadera de corazón.

Gracias, Bri, que nos va llevando de la mano; **Geo,** que une los lazos entre finanzas y las áreas comerciales, una pieza clave que nos hacía muchísima falta y no lo sabíamos.

Gracias, también, **a Mich, Pino, Edwin, Lore y Cami,** quienes dan vida a las ideas que vemos, vivimos y creamos cada día, y nos muestran una forma distinta e insospechada de ver el mundo; sin duda, los mejores diseñadores del mercado.

Gracias, Val; gracias, Pau, que llevan nuestra imagen al punto de venta, y abren caminos; gracias, **Moni**, pieza clave de este libro, **Ani y Emi,** que hacen posible que nuestras marcas se promocionen ante miles de personas; **a Lex, Fer e Ilana, Val y Marianita,** siempre en medio de la receta, entre el licensor y el equipo, y a veces hasta con el licenciatario, y siempre haciendo que las cosas pasen.

Gracias, Lalo, porque quizá llevarás poco tiempo, pero te has ganado un lugar en la Panadería con tu entrega; eres la muestra de cómo dar siempre un EXTRA, aunque no lo pidan, y con una sonrisa por si fuera poco.

Gracias, Omar, Fernie, e Ingrid y Basti, pues como si estuviéramos en una carrera universitaria interminable, cada día aprenden una nueva plataforma, una nueva técnica o una nueva categoría, tomando el toro por los cuernos en cada proyecto y dándole vida a través de cualquiera que sea la pantalla que toque, y como siempre, sacándolo avante.

Mis hermanos, Juan Manuel el más presente y cómplice, **Guille y Fer** que siempre me respaldan sin importar la locura que se me haya ocurrido y **Maricris** que jamás me ha dejado sola y me da toda la fuerza que necesito cada día desde hace más de 40 años. ¡Gracias princesa!

Gianna, mi Chancli que diseñó la portada con amor y la intención de transmitirte con un golpe de vista lo que HOY vivo, a través de este libro.

Mi Charro, mi cómplice, mi compañero y una ENORME inspiración diaria... Gracias por cada día y los que nos faltan.

Mi Banda, mi Roca y mi Petite; mi red de soporte y de vida que demuestra que, sin importar a qué edad aparezcan en nuestras vidas, los ángeles existen.

Por último, gracias, gracias, gracias a ti, que te tomas el tiempo de leer estas líneas que reflejan muchos años de aciertos y errores y, que pongo en tus manos con la esperanza de que tengan como fruto una industria cada vez más sólida, con un lenguaje común y una evolución continua. **Gracias**.

INTRODUCCIÓN

Este libro, como verás, está lleno de agradecimientos: cumplo 30 años de haber iniciado este viaje, 50 años de vida, y se imprime de forma indeleble mi nombre en el Salón de la Fama de Licensing International. Podría seguir agradeciendo por horas, pero estas lineas no terminarían jamás, así que mejor arranquemos con el tema que más me apasiona... ver las marcas desde un ojo en perspectiva. Te doy la bienvenida a la tercera edicion de este sueño: Los 10 Mandamientos de licensing.

De entrada, sería muy fácil decir que un concepto tan añejo como el del licensing o licenciamiento no evoluciona tan rápido como para que en sólo unos años quede obsoleto uno que otro ejemplo, y es verdad; el modelo de negocio continúa vigente, pero sin duda su materia de trabajo, la marca y su percepción, desde luego que han cambiado. Lo exploraremos con mayor amplitud más adelante, pero comencemos la conversación diciendo que una marca sólo puede ser considerada como tal una vez que es reconocida por un grupo específico de personas, mismas que están de acuerdo en que tiene una identidad clara y única que la destaca de una generalidad; sin importar si es un logo, un garabato, un olor, color o sonido; si tiene un algo único y reconocible que permite evocar una emoción, y si es sujeto de ser protegido por la ley como propiedad de una persona física o moral, entonces tenemos una marca.

El mejor ejemplo de esto, y algo que se ha puesto muy de moda, es eso que ha existido hace mucho tiempo, pero a lo que recientemente se le ha bautizado como "marca personal"; esa idea difícil de registrar, dificilísima de proteger legalmente, y que encima tiene vida propia, lo cual la hace aún más compleja; todo aquello que la gente piensa e identifica de nosotros, aunque no nos lo diga, conforma, lo queramos o no, nuestra marca personal. Y esa marca personal sigue las mismas leyes que cualquier otra, y se estructura en torno a la misma columna vertebral de todas las marcas: establecer un vínculo emocional con aquel al que nos dirigimos (llámese audiencia, consumidor o cliente); esto es lo que rige todas y cada una de las estrategias de branding, y lo que da sentido y origen a este negocio.

Y vaya que es negocio. La industria de licensing a nivel mundial mueve más de 369.6 billones de dólaresde acuerdo a cifras de Licensing International Merchandiser's Association de 2024, con un crecimiento del 3.7% sobre el 2023. El 40% de estos ingresos viene de personajes y entretenimiento, siendo la categoría más fuerte.

Nuestra región, América Latina representa el 4.4% de esta industria siendo la única que sigue creciendo a doble dígito consolidado año tras año, lo cual convierte a nuestro modelo de negocio naturalmente en una estrategia viable para la diferenciación entre productos similares en el punto de venta, directamente vinculados emocionalmente con el mercado.

Por ello, y pensando en explicar mejor este quehacer, con mucho respeto pongo en estas líneas mi experiencia, esa que he tenido la fortuna de adquirir a lo largo de los últimos 30 años en mi carrera profesional. Incluye de todo, desde los diferentes escalones del desarrollo de una marca, ya sea un grupo de personajes o una imagen corporativa, lo que implica ser creador de contenido, lo que hacemos en nuestra Panadería o la historia que se cuenta a través de un logotipo o de un contenido, sin importar la plataforma en la que se difunda; hablaremos de todo ello y de lo que hace falta para volverlo comercializable. También nos ocuparemos de los casos que nunca llegaran a ser estratégicos, pero que quizá por accidente o por suerte han marcado la vida de miles de personas, con productos tan diversos como juguetes coleccionables o hasta farmacias, así como de las marcas que acompañan a generaciones enteras con un estilo de vida propio, creando experiencias, aprovechando con amor y maestría las oportunidades que cada día se presentan y dejando un vínculo irrevocable en la mente del consumidor.

Aquí encontrará mucho más que una investigación, un monólogo de aclaraciones, experiencias y definiciones que buscan dar una idea clara de las ventajas que ofrece formar parte de un círculo virtuoso de apoyos en cadena, así como del privilegio que supone aprender a vivir de tus "rentas" (o regalías, en este caso), y de lo que se requiere para hacer exitosa tu participación en esta divertida estrategia de mercado. Es para mí un privilegio y un gran orgullo poder poner en tus manos un poco más de lo que la vida me ha permitido tener en las mías.

Por último, para poder entender esos 10 Mandamientos, es indispensable entender la industria, tener definiciones comunes, algo de historia e historias de las marcas y un poco chisme, y así está hecho este libro. No es mi intención establecer reglas ni tampoco suponer vías de comunicación y retorno de la información, eso ya lo hacemos todos, pero para que deje de ser intuitivo, alguien tiene que definirlo y ponerlo en un papel, así que helo aquí.

01

JUEGA SIN GUION

NO HAY REGLAS, NO HAY NADA ESCRITO. HAY QUE VIVIR ALERTA Y LISTO PARA VIRAR EL TIMÓN

A riesgo de que suene demasiado simple, podríamos decir que en el mundo de las licencias **no hay reglas** y, por lo tanto, podemos hacer lo que nos dé la gana... Y sí, es un poco así. Aunque con sus reservas: es verdad que justamente porque **no hay reglas** que ordenen el nacimiento de una marca, o un proceso específico que **garantice** que dicha marca sea exitosa, reconocida, única y no perecedera, la forma de trabajar con ella se convierte en una estrategia viva, que no se atiene a normas o tiempos específicos, sino que está viva, alerta, lista para virar el timón en cualquier momento de ser necesario. Por eso digo que en las licencias **no hay reglas** (y, en mi opinión muy personal, en la vida tampoco las hay; habrá límites, procesos y quizá buenas prácticas, pero reglas... nah). El camino de una marca se va construyendo día a día, y si bien habrá quien prefiera seguir patrones prestablecidos, otros optamos por reconocer esos patrones para luego romperlos y buscar otros caminos o, peor aún, llevar completamente la contraria.

Son tantos los factores que se combinan en el mundo del *licensing*, que es imposible prever un resultado sin que el margen de error sea muy grande, para bien o para mal, puesto que tienen que combinarse de manera correcta elementos tan impredecibles como el mercado, la moda, los medios de comunicación, las plataformas, las tendencias, además de que siempre hay que considerar errores o decisiones de última hora de la directiva de la empresa, causas de fuerza mayor... Es una lista casi infinita de factores, y todos afectan a la estrategia de una marca, por eso insisto en que se trata de una *estrategia viva.*

Y por eso también contemplo como primer mandamiento éste de que **no hay reglas**, porque al ser tan simple, a menudo lo olvidamos y creemos que trazar una ruta crítica equivale a determinar que se va a seguir sin ninguna desviación. No es verdad, seguramente existirán alteraciones a esta ruta crítica, y si bien algunas pueden impactar de manera negativa, no necesariamente tendrá que ser así; puede suceder también que se rebasen las expectativas de manera inesperada y nos enfrentemos al "feliz problema" del éxito inesperado.

Esto es lo que desde un primer momento me cautivó de nuestra industria, que cada proyecto es un reto nuevo; que si bien la experiencia sin duda ilumina el camino, no predice el futuro, y por ende en este negocio nunca se deja de aprender.

Por ejemplo, si alguien me hubiera planteado el caso hipotético de un personaje humano (que ya de por sí trae sus retos) creado para ser la imagen del doctor de una cadena de farmacias de medicamentos genéricos, y me hubiera preguntado si tenía potencial de licenciamiento como marca, muy probablemente mi respuesta hubiera sido un respetuoso "difícilmente", que escondería un verdadero "NO, no lo creo". Y hubiera estado

no hay reglas

equivocada, porque es el caso exactamente del Dr. Simi, el personaje que Víctor González Torres creó, tomando como inspiración al actor mexicano Joaquín Pardavé, para ser la imagen de su cadena de farmacias y para que, en forma de botarga, se colocara en la entrada de las tiendas para atraer al público y llamar la atención.

> *Poco a poco, el doctor Simi se ha convertido en una marca transnacional a la que se asocian valores de solidaridad, salud y bienestar, y que se define como una marca completamente mexicana.*

Si bien hoy el Dr. Simi ha trascendido fronteras de la mano de la farmacia a la que representa, lo verdaderamente relevante es el reconocimiento del que goza en todos los ámbitos, y las **emociones** que despierta entre quienes lo conocen. Actualmente existe una atracción en el parque de diversiones Six Flags de la Ciudad de México y hay más gente haciendo fila para tomarse una foto con el Dr. Simi que con los amados personajes de Looney Tunes. No sé ustedes, pero yo, al menos, no conozco otra marca de farmacias con un impacto similar.

El trabajo que se ha hecho con este personaje ha sido enorme; se han creado *colaboraciones* (que hoy en día se han vuelto muy comunes) con muchos otros personajes, como el Chavo del 8, el Chapulín Colorado, Cantinflas y hasta los Jedis, además de que se ha utilizado para rendir homenaje a personalidades diversas, como deportistas, artistas o líderes globales (El papa, por ejemplo). Es decir, que no han dejado pasar una sola oportunidad para romper esquemas.

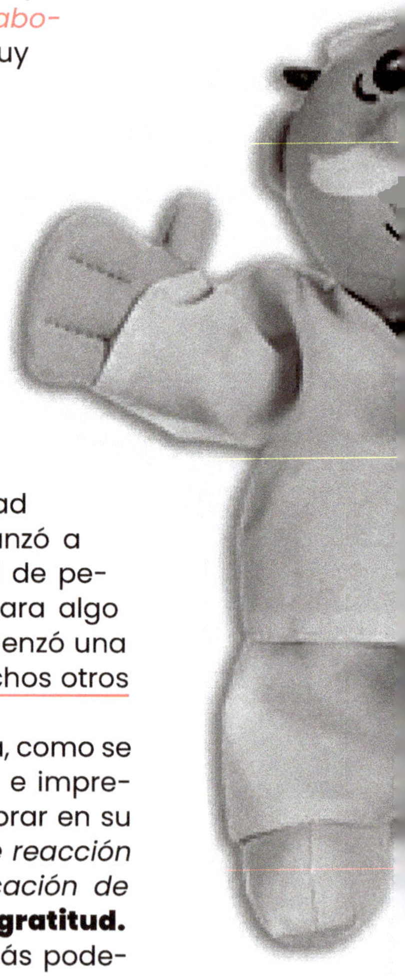

El éxito de esta estrategia se volvió viral en 2021, durante el festival de música Corona Capital, en la Ciudad de México. Ahí, una joven fanática le lanzó a la cantante noruega Aurora un Dr. Simi de peluche, aparentemente para que se llevara algo de nuestro país, y sin darse cuenta comenzó una tradición: Adele, Coldplay, Karol G y muchos otros han recibido ya sus "Simi peluches".

Si bien la trayectoria de esta marca, como se ve, ha estado llena de eventos fortuitos e impredecibles, es importante reconocer y valorar en su justa dimensión la enorme *velocidad de reacción de la empresa y su oportuna identificación de "eso" que siempre ha estado detrás: la* **gratitud.** Este, en mi opinión, es el sentimiento más poderoso que mueve al ser humano, puesto que además desencadena en quien la siente una búsqueda de reciprocidad, una necesidad de corresponder. Es muy notorio que la empresa busca sumar con cada paso que da; por ejemplo: hoy el peluche del Dr. Simi vende aproximadamente 90 mil unidades al mes, y no vende más porque esa es la capacidad de producción de la planta de Puebla donde trabajan más de 600 personas con alguna discapacidad.

Cabe aclarar además que los muñecos se venden casi al costo, y hay que aclararlo porque ahí reside la diferencia entre llevar a cabo acciones de este tipo como un *marketing* social, algo que "se difunde" para ayudar a la marca, y hacerlo con un *fin social*. El muñeco, con todas sus asociaciones, se ha convertido en un objeto de deseo por accidente, por escasez, pero sobre todo, insisto, por gratitud, porque da la posibilidad de adquirir uno y con ello reconocer el trabajo que hace la farmacéutica al proveer de servicios de salud de bajo costo a toda la población.

Hoy Adele tiene, si no la mayor, una de las mayores colecciones de peluches del Dr. Simi que existen, al tiempo que Karol G forma parte del emprendimiento que está llevando Farmacias Similares a Colombia. Por otro lado, la coordinación con el Vaticano es continua y crean cada semana conceptos nuevos, como los "Jueves de Bondad", donde los clientes de la farmacia tienen la oportunidad de ganar su ticket en cero, y con ello recibir sus medicamentos sin costo. ¿Cómo no estar agradecido y querer a un personaje que me hace sentir entendido y valorado? Por si fuera poco, este sentimiento se "**contagia**" al presenciarlo, pues se provoca una sensación de empatía y de bienestar.

Esta identidad con la industria musical los llevó a organizar en 2024 el primer "Simi Fest", un festival de música donde por cada boleto se regalaba una "bomba de vida" (una bola de arcilla con semillas), como parte de una estrategia de la farmacéutica para apoyar la reforestación de los bosques de México.

Así, Víctor González Herrera, actual CEO de Farmacias Similares, no sólo heredó el compromiso y la responsabilidad de una empresa de comercialización de medicamentos, sino que ha hecho del Dr. Simi mucho más que una estrategia, la identidad de una marca, con un mercado **inmenso** de posibilidades de licenciamiento puro (como los Simitenis que hizo Panam). Es una estrategia de todo junto y lo que se les ocurra esta semana, pero todo hecho con amor a la marca, con cuidado y con autenticidad.

Desde fuera, como un cercano espectador a quien mueve el interés genuino de entender sus bases, puedo dar fe de que no he visto que sigan **un** solo camino, que sigan reglas fijas, que hagan las cosas como dicen los libros.

Más bien, ellos hacen lo que les dicta el corazón o mejor dicho (por ellos) "les va bien porque hacen bien, y hacen bien porque les va bien", y en mi opinión esa es la mejor estrategia de todas.

02

SI NO CONECTAS, NO EXISTE,

y por tanto NO VENDE

EL LICENSING NO VENDE PRODUCTOS NI PROPIEDADES, VENDE EMOCIONES.

Si una marca es, al final, el sentimiento de quien la consume, es decir, esa reacción inevitable y a veces imperceptible ante un producto u otro, el vínculo emocional termina por ser el factor más importante en la decisión de compra, pues se convierte en el *impulso real* que mueve a una persona en el punto de venta.

> *Es lo que nos hará cerrar ese círculo nostálgico que se abrió cuando vimos, vivimos, disfrutamos o sentimos algo que después asociamos con la marca y, por lo tanto, cuando buscamos el producto para evocar lo vivido, lo hacemos con la ilusión de apropiarnos de la verdadera esencia de la marca.*

Pensemos en el momento en que entramos a una tienda porque "tenemos sed". No compramos lo primero que vemos ni nos guiamos únicamente por el precio o el sabor, sino que entran en juego muchos factores al momento de elegir, y por esta razón las campañas son cada vez más complejas, pues todas buscan diferenciarse en el punto de venta.

Coca Cola o Pepsi, Electrolit o Gatorade, leche o agua de coco; detrás de cada uno de estos productos hay construida toda una estrategia que invita al consumidor a vivir **experiencias**; hoy, el *branding* y sus estrategias promocionales quedan asociadas a este término, "experiencia", que va más allá de la bebida o producto en sí e involucra directamente la identidad del consumidor, así como **las emociones** que asocia con éste. Hoy, más que nunca, el esfuerzo se centra en cómo llegar al "corazón" del consumidor; ya no es un tema de bolsillos (solamente); hoy, la experiencia —que puede definirse como lo que me hace sentir la marca, cómo me relaciono con ella o la forma en que vivo mi relación con el producto— es mucho más relevante que la campaña en sí misma, pues finalmente **las emociones** rigen todas y cada una de las decisiones del consumidor, y si bien esto siempre se ha sabido, ahora los datos también lo avalan, ya no es únicamente la intuición de los directivos de marketing de las empresas de consumo.

Más allá del producto por sí mismo, el satisfactor que busca el consumidor es la **sensación** que evoca esa marca: "la chispa de la vida", de Coca Cola, "lo que tu cuerpo necesita" de Electrolit, o simplemente el estilo de vida al que "pertenece" quien toma agua de coco. He ahí el mercado emocional al que me refería en la introducción.

Por ello, una vez más, me atrevo a asegurar que el licensing no vende productos, esos los venden los licenciatarios y puede haber muchos vendiendo lo mismo; de la misma forma, no vendemos personajes, pues ésos están en el contenido o se diseñan en el empaque (sin importar si son famosos o no), como tampoco vendemos promociones, ésas van dentro de la experiencia que se vive al comprar.

Lo que vendemos es la emoción que guía el impulso final de compra, es la sonrisa del niño cuando ve su juguete favorito, o la nuestra cuando volvemos a ser niños frente a una determinada marca.

Un producto de licencia puede hacerte viajar en el tiempo, puede hacerte llorar, pero sobre todo puede llevarte de una **emoción** a otra: eso es lo que vendemos y lo que siempre se ha vendido y se venderá, *la emoción asociada a un producto* o servicio, por siempre jamás.

03

NO TODO ES APTO PARA TODOS

NO TODAS LAS MARCAS SON APTAS PARA TODOS LOS PRODUCTOS Y VICEVERSA.

En el momento en que tenemos en las manos una marca "famosa", nuestra primera reacción es querer ponerla en **todo** (productos, servicios, campañas...), pues la *ilusión* de que exista un mercado que demande nuestro producto, y que el contenido de una marca sea exitoso y bien aceptado, puede causar que se pierda la objetividad de quienes llevan su **estrategia**, que se dejen seducir por la expectativa del éxito. No es extraño, es una consecuencia natural.

Para contrarrestar esto, se requiere de una **estrategia** muy clara, o al menos muy versátil, y sobre todo de una visión del *ciclo de vida* de la marca. Si la marca parece tener potencial de perdurar y mantenerse, no debemos correr, al contrario: debemos establecer una coherencia lógica de oferta y demanda de productos, y no inundar el mercado.

> *La parte más complicada de la **estrategia** de toda marca en proceso de licenciamiento es decidir cuál debe ser el primer producto, cuándo está listo el mercado para recibirlo y a través de qué canales; cada marca, según su contenido, debe tener una **estrategia** propia, pero siempre marcada por el consumidor.*

A nadie sorprende la afirmación de que el mercado se mueve a velocidades cada vez mayores, que nacen marcas nuevas cada día y que estamos expuestos a una *sobredosis publicitaria* inevitable en la era digital, como tampoco debe sorprender saber que encontrar la forma de sobresalir se ha vuelto un reto mucho mayor, y que éste ha dado pie a una tendencia que en mi opinión ha llegado para quedarse: las **colaboraciones** entre marcas.

Imaginemos que es como si ambas marcas se "echaran la mano", y unieran fuerzas. En un universo publicitario tan pulverizado por la proliferación de plataformas nuevas

de creación de contenido, de experiencias y de vida, el hecho de que dos grandes o dos medianos —o, incluso, dos chiquitos— se sumen en un solo producto o servicio provoca que sus voces se escuchen con más fuerza.

> *Y ¿cuál es el modelo de negocio? Pues el mismo: la regalía a cambio de uso de marca o imagen según aplique, y el reparto en partes proporcionales, según aplique.*

Ahora, es importante aclarar que, para hablar de una colaboración como tal, debe tratarse de marcas que puedan equipararse cada una en su industria, y cuyo peso específico esté balanceado aun cuando formen parte de mercados distintos.

De hecho, en este caso pueden ser mucho más exitosas si se toma con la debida seriedad la combinación de valores de marca; es posible mezclar categorías, territorios, demografías, casi cualquier cosa, pero siempre observando una clara *relación virtuosa* entre ambas marcas, una que privilegie la identidad, la calidad, la diversidad, los mensajes clave, la pertenencia, la tendencia y la moda. Es el caso de colaboraciones como la de la marca de ropa Supreme con Oreo, la de Disney con las joyerías Pandora o Swarovski, la de Gucci con League of Legends o la del artista visual KAWS con Sesame Street.

Como última reflexión, apunto que debemos ser muy claros de los distintivos entre colaboración y licencia de uso de marca simple, pero lo abordaré con más detalle en el capítulo sobre tipos de licencia.

04

EVOLU-CIONA SIN ENVEJECER

SÍ HAY MARCAS MULTI-TARGET, ANIMADAS Y NO ANIMADAS, PERO NO CRECEN CON SU PROPIO PÚBLICO: MUTAN.

De alguna forma, todos estos mandamientos están relacionados, pues todos forman parte de una *estrategia viva*, que funciona en mercados cambiantes, a veces muy diferentes y llenos de matices que nos modifican el rumbo día a día, y por eso el único camino para poder tener un resultado satisfactorio pasa por estar preparado para atender las necesidades que plantean esos cambios.

En esta industria, como en cualquier otra, tendemos a generalizar, y al ver un dibujo animado inmediatamente decidimos que pertenece a un programa infantil, y si bien no necesariamente es así, sin duda es lo más común.

La gran mayoría de los dibujos animados son para niños, y que se trata del mercado más rentable y común en negocios anciliarios o derivados (*licensing*), lo cual ayuda a cubrir los costos de la producción de animación, que suelen ser más altos que los de acción viva.

Sin embargo, el mercado del contenido no necesariamente está establecido por la técnica con la que se elabora el contenido, sino por el contenido como tal. Es decir, puede suceder que un contenido sea tan exitoso que, aun habiendo sido pensado, desarrollado y promovido para un público infantil, puede llegar a convertirse en una marca *multitarget* o para distintos mercados que alcance a otros segmentos demográficos; tal es el caso de **Snoopy**, creado por Charles Schulz en 1950 como un contenido lúdico, una tira cómica que le ha dado la vuelta al mundo. A 75 años de su aparición original, su público familiar se ha mantenido *relevante* y su mensaje y sus valores han trascendido generaciones.

Hoy se siguen produciendo contenidos animados de Snoopy de la mano de Apple a nivel mundial, basados en la esencia del colectivo retratado en *Peanuts*, que va más allá de Snoopy y Charlie Brown para incluir a Linus, Sally, Lucy, Marcie, Schroeder, y a cada uno de nosotros, que seguramente nos veremos representados ahí, sin edad y sin tiempo. Esto es el claro ejemplo de un **clásico** que perdura en el mercado y no parece tener fin, pues sigue suscitando emociones que se van trasmitiendo de padres a hijos, y por eso existen millones de productos que se desarrollan y venden todos los días.

Ahora bien, hay que ser cuidadosos: conforme una propiedad o unos personajes se mantienen en el mercado, y siguen siendo exitosos a pesar del paso de los años, no es raro que los propietarios de la marca se sientan enormemente tentados de **evolucionar la marca** a otros mercados y así ampliar su penetración, y esto es mucho más común en propiedades infantiles cuya popularidad va disminuyendo a medida que se da un recambio generacional.

> **Evolucionar una marca** es una tarea muy difícil, requiere de una enorme versatilidad estratégica que será la que dé o no la permanencia en el mercado, y debe estar basada en una fidelidad absoluta a la esencia de la marca y la relación con el contenido.

Son contados los personajes que han logrado **evolucionar la marca** ampliándose a otros targets. Por ejemplo, *Dora la Exploradora* ha sido una marca de las más fuertes y sólidas de Nickelodeon; ha evolucionado en diferentes mercados y, como se trata de una marca de una empresa estadounidense, el territorio que impone la pauta mundial con más del 55 por ciento del mercado global de licenciamiento, lleva ya una ventaja de por sí.

Dora la exploradora, que salió al mercado originalmente en 2000, solía ser una niña pequeña, que hablaba aspiracionalmente a un target preescolar. Ya para 2016, las fanáticas de esa Dora que aparecía siempre con un mapa, un mono y su mochila tendrían sobre 8 y 14 años de edad, por lo que Nickelodeon decidió crecer a Dora en un nuevo programa llamado *Dora and Friends,* donde la protagonista se presentaba mayor, preadolescente, *cool*, metida en moda, redes sociales y smartphones, y su mercado principal eran aquellas niñas que habían crecido viendo a la Dora original. Ojo, en este caso, **no** se trató de una evolución de la marca para crecer con su mercado, sino que fue una marca **nueva**, que hablaba a un mercado distinto. En cierto momento, Dora llegó a formar parte de dos marcas y dos contenidos distintos.

Sin embargo, no se obtuvo el resultado esperado, y ya para 2023, Dora volvió a su edad original, y a ser esa niña pequeña que exploraba el mundo con su mono Botas, lo cual me parece un acierto y una oportunidad maravillosa de revivir a un personaje entrañable. Habrá otros factores a considerar, sin duda, como su ascendencia latina, pero la estrategia es *consistente y congruente* y, en mi opinión, tiene muchísimas más posibilidades que la anterior, que crecía con la edad de su mercado nativo.

Dora siempre será Dora, y siempre debería tener la misma edad, así como Mickey Mouse no es un fósil y Snoopy sigue jugando con Charlie Brown. Un personaje y por ende una marca es posicionada y creada con un perfil específico, he aquí la diferencia entre una marca *multitarget* (que, como su nombre lo indica, puede estar destinada a más de un mercado), y un *spin-off,* o marca derivada.

Para aclarar más esta diferencia, digamos que en el caso del *spin-off* no se trata de la misma marca, sino de una nueva; una serie derivada donde el protagonista sea Botas, el changuito de Dora, sería un ejemplo de *spin-off. Dora and Friends,* por su parte, no necesariamente podría ser tomada como tal pues, en mi opinión, se trataría más bien de una **evolución** (buena o mala, eso es aparte) de la misma marca.

Un "spin-off" implica desdoblar dentro de la marca un espacio, un factor clave o un valor que lo haya hecho exitoso y que tenga la oportunidad de subsistir por su propio pie.

Un caso similar al de Dora, aunque más cercano al mercado nacional, es el del *Chavo del 8* y sus distintas adaptaciones. ¿Por qué en este caso sí fue exitoso? A eso me refiero con que se actualiza o hasta evoluciona: el Chavo siguió siendo el mismo, una marca que cambió de generación, y si bien corrimos un enorme riesgo cuando buscamos convertir en dibujo animado un programa de acción viva 30 años después de su creación original, apostamos por siempre mantener el humor, el *look* del personaje, su nombre, gestos, edad (8 años), líneas, gustos, interacción, es decir, la esencia de la marca y del contenido. Pongamos atención a que el personaje no "creció", sólo **se actualizó** al adaptarse a un nuevo formato para un target nuevo —los niños del siglo XXI—, y al hacerlo se convirtió en una marca nueva, sin que la original dejara de ser la marca *multitarget* que goza todavía de enorme éxito internacional.

05

LA AUDIENCIA MANDA

HOY LOS CONTENIDOS ROMPEN LAS VENTANAS DE EXPLOTACIÓN Y LOS MEDIOS EN LOS QUE SON EXPUESTOS; EL ORDEN SÓLO OBEDECE A LA AUDIENCIA.

Es muy tentador aprender el camino y después sólo querer replicarlo; es el lugar *conocido*, es donde la lógica hace *lo suyo*. Malas noticias, ya no hay camino conocido, hay doscientos caminos distintos que quizá puedan llegar al mismo lugar, pero un solo camino, ya no.

Hace apenas unos años, y me refiero a no más de 15, las ventanas tenían un orden lógico que era así:

1. En películas, la primera ventana era cine, y de ahí a TV de paga, y de ahí a DVD (que en paz descanse) y después a TV abierta. Casi siempre la explotación de *licensing* era en esta última ventana, pues el DVD, al conjugar esfuerzos en *retail* con una campaña de medios, rara vez lograba permanecer, si bien había casos en los que incluso se convertía en una estrategia de respaldo importante para nuevo producto en el anaquel. Aunque se trataba de ventanas muy cortas de explotación, le alargaban la vida a la marca.
2. En series, iba primero TV de paga, y luego se iba al DVD y de ahí a TV abierta; una vez en TV abierta empezaba la estrategia de explotación en *merchandising*. En los territorios de América Latina, la TV abierta sigue siendo importante, al menos en la mente del tomador de decisiones, es decir, el *retailer*;

sin embargo, ya es más bien un *referente publicitario* que amplifica la repetición del contenido y lo acerca a las audiencias, pues está comprobado que estar en TV abierta aumenta el tráfico en otras plataformas, así como las *búsquedas en Google.*

> *En otras palabras, la TV abierta permanece como el **detonador** de las últimas ventanas de explotación, sólo que ahora es apenas una palomita más en la lista de exposición del contenido del que derivará la marca.*

Hace algunos años, las ventanas ya habían cambiado y se acercaban unas a otras. Netflix cambió radicalmente la industria del SVOD (Suscripción de video bajo demanda) en USA y abrió América Latina en 2011, lo que sin duda acabó por darle un *tiro de gracia* al DVD como producto de consumo, al tiempo que cambió la penetración de TV de paga y su relevancia, y aunque la TV abierta sigue siendo sustantiva como detonador del mercado de licencias y su alcance masivo es clave (y seguirá así por algunos años más), ahora también tenemos los canales "FAST" (por sus siglas en inglés, canales de televisión gratuitos financiados con publicidad), donde decidimos el género que queremos ver y ahí vivimos en un permanente maratón.

En mi opinión, estamos frente a un ciclo más de la vuelta del péndulo; lo vivimos con la TV abierta cuando llegó la TV de paga, ahora lo vivimos con la llegada de las plataformas de *streaming* o distribución digital por suscripción, y al igual que con la vuelta anterior, la discusión se centra en el *modelo de publicidad,* que cada vez amenazan con que desaparece y no hace más que pulverizarse y crecer; durante mucho tiempo, con la migración a las plataformas, se pensó que se había acabado la publicidad como la conocíamos, y con ello, las marcas perdían un **vehículo** importante para acercarse al mercado, y sin embargo hoy ya vemos publicidad en plataformas de *streaming* y de creación de contenidos, porque en esto entre más cambian las cosas, más permanecen igual.

Y es que el mercado digital, formado por gigantes como Netflix y Youtube, ya forma parte de las ventanas, al igual que Instagram, Tiktok y las que estén por salir, y en ellos se crean marcas cada día, cada hora, y quien decide sigue siendo la audiencia. Hoy, como nunca, el control lo tienen las audiencias, pues ya **nadie** les dice qué ver; se puede recomendarles, convencerlas, pero ya no se manda sobre ellas.

> → Así, ya no existe un orden "cronológico" que deba seguirse; hoy el consumidor puede decidir, y decide, cuándo y a qué hora, y aun sin tener todas las ventanas cubiertas, sigue siendo importante atender a una demanda de mercado.

La prueba más clara de esta ruptura de ventanas se ve con el *público infantil,* que es, además, nuestro mercado más amplio y rentable como industria; los niños, además de ser "nativos digitales", son los principales destinatarios de estos medios, pues se descargan en los dispositivos de chicos y adultos principalmente para proveer entretenimiento infantil en forma de juegos, apps, videos, podcasts, TikToks y lo que se nos ocurra. Ya no sabemos en qué orden, ni cómo, les llegarán los contenidos.

Los medios inmediatos (como yo he decidido llamarles) y la comunicación automática con el consumidor han demostrado ser una especie de *estudio de mercado* vivo, en tiempo real (ese que durante años quienes nos dedicamos a *marketing*, soñamos con tener y que creímos que el Big Data nos iba a dar), y nos muestra que los contenidos **buenos** tienen más posibilidades de triunfar. Ya el ideal no es sólo la exposición, sino la "viralización" de un buen contenido; hoy una marca puede crecer o morir mucho más rápido que nunca, y todos pueden ser productores, promotores, artistas, creadores y convertirse en líderes de opinión con una herramienta tan omnipresente en nuestros tiempos como el teléfono inteligente.

Hoy un meme puede ser la ventana que te catapulte al estrellato, y puedes llegar a vivir de ello el resto de tus días si es que sabes actuar en tiempo y forma, protegerlo, **reaccionar** y demostrar que si bien lo que se hace viral es un fenómeno orgánico, hubo alguien que integró la propiedad intelectual. Esto también es el nacimiento de una marca.

(Con respecto a esto último, me parece importante hacer un comentario aparte para discutir un tema que comienza a perfilarse en la industria; lo concerniente a la inteligencia artificial y sus posibilidades de licenciamiento. Aunque la legislación se va adaptando a los tiempos, a veces con menor velocidad de la que quisiéramos, al final responde, pues se convierte en una demanda de mercado, y hoy, por ejemplo, enfrentamos el reto de este uso de la tecnología, sus capacidades y sus alcances, los conocidos y por conocer, y si bien es cierto que hay cientos de agujeros negros, al menos ya está establecido en las leyes que para que cualquier creación sea registrable y protegible tiene que estar la *mano humana* detrás; esto al menos sienta las bases de un producto que tiene un **propietario** real y no sólo un montón de ceros y unos.)

06

PLANEAR EN TIEMPO REAL

LOS TIEMPOS DE DESARROLLO Y EL ÉXITO DEL CONTENIDO DEFINEN LA DEMANDA, Y SÓLO EL CONSUMIDOR SABE CUÁNDO LLEGARÁ ESE DÍA. EL ÚNICO PLAN DE NEGOCIO IDEAL: EL VIVO.

El único plan de negocio ideal es el **vivo**. Puesto que los negocios no operan con lógica pura, no tenemos una bola de cristal que nos garantice lo que se va a vender, ni cuánto, de ahí que hablemos de un plan de negocios **vivo**, es decir, en *constante ajuste y replanteamiento.*

Porque por supuesto que es factible **planear**; proponer al *retail* una fecha de lanzamiento perfectamente concertada, con un programa de desarrollo que exponga lo que esperamos que vaya sucediendo según las ventanas de exposición del contenido, y un tiempo de entrega de acuerdo con la línea de tiempo de desarrollo trazada en el plan, sus necesidades de transporte y distribución hasta el punto final de contacto con el cliente.

En fin, podemos plantear un proyecto como de ingeniería civil perfectamente detallado, y esperar a que las estrellas se alineen y todo se cumpla.

Pero, para bien o para mal, esto *no es ingeniería.* En el mundo de las licencias, fácilmente nos podemos topar con que el producto se **calentó** más rápido de lo normal, por lo que no llegaremos a tiempo, o peor aún, con que se retrasó la producción de la segunda temporada del fenómeno de serie porque nadie lo esperaba, y llegaremos al punto de venta después de que se enfríe la primera temporada y con un mercado que no esté listo para esperar un año o dos para la siguiente, o inclusive, puesto que en esta región vivimos, nos podemos topar con que llegó la piratería antes que el producto oficial...

> *No debo llegar ni antes ni después, pues para cuando la marca esté lista, si me adelanté, el "retailer" ya lo habrá descatalogado, y si llego muy tarde, le parecerá algo viejo (lo cuento muy fácil, pero la realidad es salvaje).*

Nadie manda, **sólo el consumidor decide el éxito**, (bueno, el *retailer* es quien decide, pero el que manda, manda), y la estrategia tiene que estar pensada con todas las posibles alternativas y reaccionar, no antes ni después, pero es el consumidor quien tiene la decisión final. No nos hagamos bolas, la vida comercial es así; evidentemente, las promociones funcionan, porque todos somos víctimas de la mercadotecnia y caemos en provocaciones, pues estamos expuestos a los estímulos interminables y repetitivos de la publicidad; sin embargo, estos estímulos son momentáneos y pasajeros, y si no permanece, no será una marca, y si no toca mis emociones, no permanecerá.

Walmart y Coppel siguen tendencias, al igual que Palacio de Hierro o Liverpool en México, que Falabella en Perú, Riachuelo en Brasil y Target en EU. Todos ellos pueden decidir abrir el **espacio** para una marca, pero no pueden decidir que el consumidor la compre.

Pongamos el ejemplo de la caricatura *Bluey*, una marca estrella de la BBC, que llegó a nosotros en 2020, en medio de una pandemia que trastornó los mercados del mundo. Vimos llegar esta representación como nuestra **salvación** (así la bautizamos), pues percibíamos con esperanza cómo iba despegando en cada mercado, particularmente en Estados Unidos, que normalmente es el que nos marca la tendencia más inmediata por motivos de cercanía.

Sin embargo, nos amaneció el 2022 sin que viéramos la *tracción en el mercado*, a pesar de que establecimos estrategias de la mano de Bandai, de TV Azteca, de BBC, y de que presentamos continuamente los datos al retailer, y nada.

Llegó 2023. Bluey no estaba listo... pero ya el mercado sonaba distinto... Ese **ruido** que esperábamos tener en 2021 empezaba a sonar en 2023 y la paciencia, que no es una de las virtudes que yo podría presumir, vino a enseñarnos una lección, y a recordarnos una vez más que *quien manda es el consumidor;* aunque teníamos de nuestro lado estudios y análisis, no había nada raro, simplemente no era su momento.

En 2024, Bluey marca la tendencia de mercado infantil para 2025, esa que esperábamos que sucediera en 2022. Sin queja alguna recibimos el éxito que augura para este cierre 2024 y 2025, pero con la más clara consciencia de que tenemos que estar abiertos a mover el plan de trabajo, el momento de mercado y el negocio en sí mismo.

Debemos tener la mayor velocidad posible para reaccionar a las necesidades que nos vaya presentando cada una de estas tendencias.

07

LA ESENCIA NO SE NEGOCIA

EL CICLO DE VIDA SE CREA CON FIDELIDAD ABSOLUTA DE IDA Y VUELTA (Y NO SÓLO EN LICENSING).

Cuando una marca tiene éxito, nos obliga a mantenernos aún más **alertas** que lo normal, pues debemos saber qué paso podemos dar, hacia dónde y con qué ritmo. Una parte importante de la decisión, en el mundo de las licencias, consiste en saber *por dónde ir.*

Veamos, por ejemplo, lo que sucede con las películas de Disney. Le va bien con *Monsters Inc,* y de inmediato prepara la secuela; le va bien con *Cars,* y prepara la secuela; la saca del parque con *Finding Nemo* y prepara el *spin-off* (aunque *Finding Dory* no será nunca lo mismo); después le va bien con *Frozen* y ¿qué hace?, la mantiene viva hasta su último aliento, si es que éste algún día llega, y se encarga de tener *producto disponible* de la marca. Si Disney hubiera mantenido su estrategia usual con una película de invierno, quizá no hubiera mantenido producto en todo el mundo, pero observó bien que el mercado siguió comprando, pasó el tiempo y lo siguió pidiendo, lo siguió **viviendo**.

> *Sólo estando atentos podemos tener la capacidad de reaccionar y alentar así el nacimiento de un clásico; esto pasa una vez cada muuuuchos años, pero sólo ocurrirá si estamos atentos y pendientes del comportamiento y la capacidad de permanencia de la marca.*

Cuando nos propusimos hacer la serie animada del *Chavo del 8,* incontables personas se opusieron a la idea. Tuvieron que pasar muchos, pero muchos, años antes de que pudiera ser una realidad, no sólo porque la serie original seguía siendo un éxito, sino porque la *transición a otro formato* era arriesgada, sobre todo tratándose de un clásico consolidado y parte de la memoria cultural de toda una región. No era un reto menor.

Sin embargo, lo hicimos. Iniciamos con tanto **cuidado** que probablemente ahí haya estado la clave del éxito, pues los primeros 26 episodios fueron fieles a la

Ciclo de vida de la licencia

In & Out

MARCA de MEDIANO PLAZO

IMPACTO FUERTE
TIEMPO DE VIDA CADA VEZ MÁS LARGO
POR LA CANTIDAD DE
PLATAFORMAS DISPONIBLES
Fenómenos mediáticos sin precedentes

letra de cada guion de Roberto Gómez Bolaños; de los siguientes 26, sólo la mitad se sacaron de la serie original, y así poco a poco fue tomando su propio rumbo, siempre con la dirección y supervisión de Gómez Bolaños y a cargo de su hijo, Roberto Gómez Fernández, pero con ciertas libertades y con un *análisis constante* de la respuesta del público y los índices de audiencia, sin bajar la alerta ni un solo día, varios años después de haber iniciado. Con los primeros 135 episodios del *Chavo animado* y más de 70 del *Chapulín animado* se trascendió a otras generaciones, con orgullo y con mucha cautela.

MARCA de CORTO PLAZO — Hot

SÓLO DURARÁ UNOS MESES EN EL MERCADO

PELÍCULAS, REALITY SHOWS

TODO MUNDO HABLA DE LO MISMO

MARCA de LARGO PLAZO — Clásico (evergreen)

PROCESO DELICADO, RIESGOSO Y DIFÍCIL DE ALCANZAR

PERO UNA VEZ ALCANZADO

LAS POSIBILIDADES SON INFINITAS ★ Mina de oro ★

Hoy, la marca está madura y se evolucionará a nuevas aventuras; hay una nueva serie del Chapulín en proceso, y muchas piezas del Chavito han visto la luz en otras plataformas digitales.

No dejaremos de probar nuevas cosas, pero con el ojo puesto en el mercado, sólo así es posible volver eterno su ciclo de vida.

La *extensión de vida* de una marca no perecedera dependerá de su versatilidad, de la fidelidad a su esencia, de la autenticidad de su discurso y de su capacidad de transmitir todo esto al mercado. Suena fácil, pero mantener consistentemente una sola línea de congruencia es un trabajo muy arduo.

Por último, mencionaré un ejemplo de este concepto de extensión de marca a través de *licensing* que me parece muy claro: la integración en categorías no tradicionales como el mercado inmobiliario, donde la venta de bienes raíces sigue el modelo de licenciamiento a través del uso de una marca reconocida para abrir mercado y *transmitir confianza* en una transacción. Así, se ha dado el caso de que se anuncien edificios de departamentos en Miami y otras ciudades donde se deja muy claro en la comunicación que todo está inspirado, respaldado y **curado** por D&G, logrando que, con un solo golpe de vista, el proyecto se identifique automáticamente con un cierto perfil de mercado.

Este modelo me parece tremendamente innovador, ya que permite que el desarrollo inmobiliario se identifique con un mercado específico, en este caso el de **lujo**, a diferencia de los modelos anteriores en el sector de bienes raíces, que han sido mucho más tradicionales y se han limitado a usar el modelo de franquicia para generar confianza, por ejemplo, al usar el nombre de una inmobiliaria reconocida como Century21 en nuevos territorios manejados por otras empresas, a cambio de un porcentaje de los ingresos, para dar **credibilidad** a su portafolio de inmuebles. En el caso de los departamentos D&G, más allá de generar confianza, con una sola marca se transmite mucho más: estilo de vida, perfil y, por supuesto, emociones y aspiraciones.

08

LAS REGLAS DEL JUEGO SIGUEN PERO EL JUEGO CAMBIA

LAS FORMAS PODRÁN SER DISTINTAS PERO EL FONDO SIEMPRE SERÁ EL MISMO. EL MODELO NO CAMBIA; LAS CAPACIDADES Y ALCANCES, SÍ.

Cualquiera que haya emprendido un negocio sabe que es fuerte la *tentación de seguir la lógica,* ese instinto no siempre bien graduado que nos inclina a creer que el camino es el que ya han marcado otros que vinieron antes, y que tendemos a pensar que debe ser el adecuado (en teoría). Reincidentemente, cometemos el error de seguir a otros y no sentarnos a ver cuál es la evolución real de nuestra marca, de nuestro personaje, de nuestro mercado, de la congruencia que existe, o no, entre el contenido y su contexto, insisto...

> *Estamos pendientes de los otros y sus marcas, y nos olvidamos de que la que debemos analizar con detalle es la nuestra, así como nuestras capacidades y alcances y el mercado que se nos presenta.*

Evidentemente, no podemos centrarnos sólo en lo que nosotros vemos; hay que aprender del que lo hace bien, pero desde **nuestra** silla, con **nuestras** posibilidades;

quizá viajemos por la misma carretera, pero no lo hacemos en el mismo coche, y mucho menos con el mismo motor.

Los precursores de este divertido negocio han ido planteando un cierto **orden** y una cierta forma de hacer las cosas, pero si decidimos apegarnos a ese **orden** y esa costumbre como reglas estrictas, pueden convertirse en los peores enemigos del *licensing* y, por lo tanto, de nuestro negocio. Repito, no es la lógica la que debe regir, es la congruencia, lo estrecho o empinado del camino, la solidez financiera, la fuerza mediática, la versatilidad en la estrategia y, sobre todo, el **sentido común**; una serie de factores que, en conjunto, convierten nuestra marca en algo completamente distinto a lo que hace la competencia, o lo que se ha hecho históricamente. Por si fuera poco, está el factor de la suerte, que es tan incierta, que aun cuando juega un papel crucial, puede jugar a nuestro favor o en contra, por lo que decididamente no puede considerarse parte de la estrategia.

Ahora bien, cuando hablo de los precursores, me refiero sobre todo a Disney, y me quedo corta; no sólo es el precursor, es el papá y la mamá de la industria. Es quien cubre el espacio más grande del mundo en materia de licencias, además de ser el que más ha crecido en los últimos años, pues ha logrado cubrir cada una de las **debilidades** que pudo haber tenido primero con la adquisición de Pixar, después con la de Marvel, Star Wars y Fox. Sólo les haría falta un juguetero para cerrar completamente el círculo, pero no voy a profundizar demasiado en esta empresa, sólo apuntaré su importancia y la necesidad de seguirles constantemente la pista, además de decir que el poco espacio que nos han dejado en el mercado nos ayuda a aprender de ellos y encontrar nuestro propio camino.

Conforme van pasando los años y se van *atomizando los mercados*, la competencia se va volviendo más difícil; sin embargo, hay ciertos aspectos que no están relacionados con nuestro tamaño ni con el éxito del contenido que se deben hacer de una sola forma; esas son las que definitivamente debemos seguir: es necesario considerar que hay un responsable de la marca (el dueño, su agente, su apoderado, su diseñador, quien sea pero es uno), que sólo hay un desarrollador del producto, un responsable de lo que llegue al mercado: los licenciatarios, (sus diseñadores, sus fabricantes, sus empacadores, quien sea, pero es una pieza del rompecabezas), y que sólo hay una forma de que todo fluya entre los actores de este negocio, y esto es, con orden. Pensemos en el caso de Peppa Pig; esta popular caricatura de una cerdita y su hermano se volvió un fenómeno mundial cuando apenas era parte de un estudio pequeñito asociado con una empresa inglesa (eONE Entertainment), y llevó a cabo su estrategia de raíz hacia arriba hasta formar parte del conglomerado de propiedades de Hasbro; sin embargo, su proceso fue el de un pequeño productor hasta que demostró su valía y logró competir en el mercado global de forma adecuada, no antes.

La mayoría de nosotros no podemos reproducir las inversiones, los esfuerzos, las capacidades de un gigante en el mercado como Disney, pero sí podemos *seguir sus aprendizajes*, porque tenemos el mismo objetivo: ganar todos de manera sencilla, comunicándonos con transparencia y en tiempo para reaccionar, respetando el mercado y a la competencia, buscando las mejores prácticas de mercado y previendo las contingencias. No somos iguales al más grande y tampoco al más pequeño; es una realidad, tenemos herramientas distintas y como en todo hay pros y contras, pero podemos tener la tranquilidad de que no es necesario descubrir nada nuevo para lograr un exitoso programa de licencias; implica construir a largo plazo, forjar relaciones que no busquen ganar en una negociación única, sino establecer relaciones duraderas que vayan de un contrato a otro, de una propiedad a otra, con el mismo equipo, pero sobre todo con la misma confianza.

*En esta industria hay muchos **riesgos** que se miden en la inversión de cada marca y de cada producto; riesgos que debemos entender como compartidos, y por ello los "números se hacen en conjunto", en conjunto se establecen garantías viables, y si algo sale mal, saldrá mal para todos, no sólo para uno.*

Podemos cambiar una garantía mínima por una menor con un mayor porcentaje de regalías, bajar un anticipo para disminuir el riesgo de inversión en desarrollo de producto, podemos compartir las inversiones de marketing y apoyo a *retail*, pero siempre en el entendido de que hay un mercado que proteger, una industria que lleva un **orden** y que todo cambio que hagamos en nuestra estructura afecta a todos y cada uno de los que formamos parte de la cadena de valor.

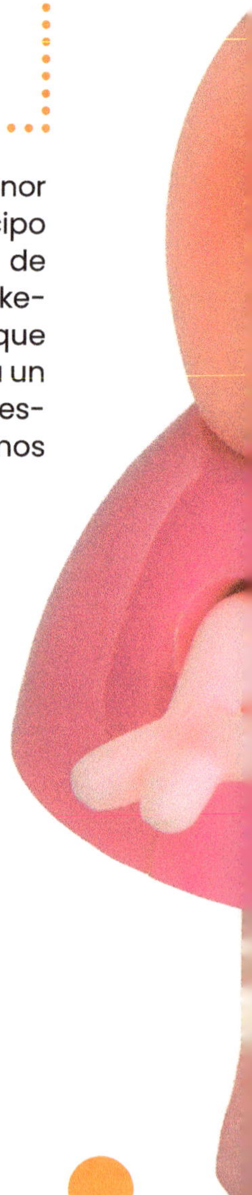

09

NO HAY ENEMIGO PEQUEÑO

EL TAMAÑO NO IMPORTA... TANTO. LA DEMOCRATIZACIÓN DEL ALCANCE MASIVO.

Cuando nos planteamos un negocio, tendemos a ver hacia arriba, y no está mal, porque eso nos permite ver a dónde queremos llegar, lo que debemos aprender y, en ocasiones, hasta lo que no debemos repetir; es un buen hábito, sin duda, pero debemos tener mucho cuidado con *despreciar a los chiquitos*: esos estudios llenos de hambre y muchas ganas que van rompiendo barreras para llegar a nuestras manos, esos que se mueven con la **agilidad** del más pequeño y cuyas aventuras tienen más de una posibilidad de colarse por un hueco que los grandes dejaron abierto sin darse cuenta.

Sin importar si eres agente, licenciatario o *retailer,* nunca sabrás por dónde llegará el próximo caso de éxito que se convierta en un fenómeno; no sabes su origen o plataforma de pertenencia, si es un contenido o una marca deportiva.

> *No sabes si caerá en tus manos un fenómeno que funcionó casi por accidente, y que vendrá a revolucionar todas tus perspectivas de negocio.*

Un claro ejemplo de esto es *PLIM PLIM*, unas series de videos de animación de canciones para niños (una mezcla de canciones populares y nuevas creaciones, con contenidos originales), que van ilustrando el relato que plantea cada canción a través de un grupo de personajes. Estos videos han llegado a ser una **locura** a nivel internacional de habla hispana, al grado de convertirse en el canal más visto en la plataforma Youtube en español por medio del lanzamiento semanal de nuevos contenidos. Con todos estos maravillosos números, el éxito en el punto de venta no está garantizado, pero sí el *gusto de la audiencia*, de ahí que nada sea seguro, pero es un hecho que ha llegado mucho más lejos que muchas series o películas de grandes estudios internacionales y la historia le dará o no la razón en un par de años. Y como éste, podemos mencionar muchos ejemplos similares que sí tuvieron la respuesta del mercado, como *La Galinha Pintadinha*, Brasil, que se valió de una serie de canciones con las que los padres de los niños tenían un fuerte vínculo emocional, porque con ellas habían crecido; *Pocoyó* tuvo una presencia aún más profunda, ya que logró entrar en **todas** las plataformas, pues si bien hoy es fuerte en Youtube, lo fue de igual manera en TV linear por más de una década o dos.

Hoy, como en ningún otro momento, el contenido puede llegar a **todos** sin necesidad de una fuerte inversión en medios, de colocarlo en plataformas de suscripción como Netflix o hasta en plataformas gratuitas como PlutoTV; hoy podemos detonar el éxito con un buen contenido, pues más que nunca el contenido manda. Sin importar si hay o no un estudio detrás de ese material, mañana puede ser el fenómeno más grande de la industria.

Las "barreras de entrada" se han ido haciendo más bajas, y eso es una ventaja, aunque con el lado adverso de que la sobreoferta en cientos de plataformas disminuye las posibilidades de sobresalir.

Y, sin embargo, es posible. Mi madre decía que "no hay enemigo pequeño", y qué razón tenía; sí, es verdad que el tamaño importa, pero mucho menos de lo que parece.

10

PIENSA EN GRANDE

NUNCA SOBRA UNA EXPECTATIVA ALTA; ES PREFERIBLE A NO ALCANZAR A REACCIONAR A TIEMPO. PIENSA EN GRANDE.

En México decimos que nos guiamos por la ley del mínimo esfuerzo, y si bien no es mi papel defender a toda la población, diría que me parece más bien un mal de la humanidad y no de un país o una región en especial. Pero, aún si me baso en esa mentalidad, seguiría proponiendo que pensemos en grande desde el inicio, desde el nacimiento de una idea, pues de esa forma no tendríamos que esforzarnos de más, y mucho menos volver a empezar; mucho menos nos perderíamos la oportunidad de intervenir en un negocio por no haber estado listos para crecer.

Este, a pesar de ser el último, quizá sea el principio o mandamiento más importante de todos, pues en ocasiones no podremos volver atrás, por más que queramos, y por ello es importante que no seamos nosotros mismos quienes frenamos el crecimiento y matamos el futuro de nuestro producto, nuestra marca, nuestro contenido.

*Esto podemos evitarlo si antes de que nuestro proyecto **nazca** tomamos en cuenta todos los posibles factores en un desarrollo -ya sea moldes, historias y guiones, personajes para una nueva marca- y todo, absolutamente todo, lo pensamos "nacido para crecer", para evolucionar, para moverse.*

Hablemos de Distroller, una marca mexicana de la que debemos enorgullecernos, pues ha logrado establecer un ícono gráfico identificable, desarrollar la experiencia de cuidar un bebé (con los muñecos llamados "Casimeritos") a través de la creación de un personaje y vincular a su mercado de manera profunda a través de la respuesta directa a las necesidades que éste mismo fue planteando (por ejemplo, ofrece la "adopción" de muñecos cuyo peso es similar al de un **neonato**, misma que requiere el llenado de papeles, y hasta la vacunación de los "bebés" en la tienda en manos de una enfermera "real").

La creadora de esta marca, Amparo Serrano, *Amparín* (que en paz descanse), dejó un legado de congruencia en cada uno de sus desarrollos, de imagen consistente y cuidado en los detalles más mínimos. Con mucho respeto y admiración le agradezco habernos dejado un ejemplo de lo que sí se puede lograr, de haber llevado su concepto de una idea que surgió en un viaje a Acapulco en 2004, a decenas de personajes en cientos de productos.

Esta marca ha ido evolucionando con el gusto de la audiencia y se ha ido internacionalizando sin prisas, con mucha cautela y, sobre todo, con la firme convicción de mantenerse apegada a la esencia original.

Desde su primera tienda en CDMX con dulces y "virgencitas y santoñitos", hasta la presencia de sus productos en diversos establecimientos de nuestro país. Me consta que **jamás** sucumbió a la tentación de ser **grande** sólo porque sí sino, por el contrario, buscó evolucionar con tiempo, con cuidado, con paciencia hasta llegar al momento justo, con los socios correctos y entonces pudo crecer, pero jamás soltó la esencia de su marca en manos de alguien más.

Hoy, a 20 años de su creación, quizá estemos frente a un momento distinto de la marca y coquetee con nuevos tipos de contenidos y evolucione, pero de lo único que estoy segura es que jamás se alejará de su origen, esa ha sido la clave de su éxito y su *permanencia* en generaciones enteras.

¿Qué hubiera pasado si Walt Disney no hubiera pensado en grande, cuando más de una vez le dijeron que estaba loco? ¿Si J.K. Rowling no hubiera creado una historia con cientos de aristas diferentes que dieran lugar a decenas de libros y secuelas? ¿Qué hubiera pasado si Steve Jobs no hubiera pensado en una marca de estilo de vida que además ofreciera tecnología para trascender? ¿Y si Starbucks se hubiera limitado a vender café? La lista de preguntas como éstas sería interminable.

El problema es que estos son *casos contados*; me parece que en general sucede lo contrario: soñamos de menos, pensamos en chiquito, en lugar de pensar en grande, y a mí me gusta más bien evocar esa frase del empresario y filántropo W. Clement que dice "apunta a la luna, total, si fallas, puedes pegarle a una estrella".

> *Piensa que es gratis pensar en grande, y si tienes éxito, será todavía más satisfactorio y si no, "no habrás perdido nada".*

Hay excepciones, claro, a todas las reglas, y sobre todo a todos estos mandamientos que ya me he atrevido a publicar tres veces, cuyo objetivo principal es sólo hacer pensar a quien los lea, y motivarlo a *analizar desde la congruencia y no desde la lógica*. Sin importar en qué eslabón de la cadena de valor nos encontremos, la marca que desarrollemos, vendamos, creemos, compremos o busquemos, todo debe ser analizado desde la congruencia, desde el potencial, desde el momento en el que se encuentra, la marca, el mercado, la industria y la competencia, y sin abandonar nunca la medición de los riesgos a partir de la experiencia, pero sin dejar de intentarlo, sin prometer de más, pero sobre todo, sin soltar nunca la mano del mercado.

LEN-
GUAJE
CO-
MÚN

El negocio de las licencias

Pongámonos como prueba encender la televisión lineal, alguna plataforma de streaming digital (sí, nos faltaron a la promesa y ya también tienen publicidad) o FAST channel, y observar el contenido comercial. ¿Cuántos anuncios tienen asociada una marca "famosa" a su publicidad en campaña, o utilizan un personaje en su producto?, es decir, ¿cuántos de ellos forman parte de un programa de licencias? El porcentaje es altísimo, ¿cierto? Bien, ahora hagamos una prueba similar caminando por el pasillo de una tienda de autoservicio, ya sea de lácteos, botanas, cereales o pañales, el que prefieran: ¿cuántos productos hay con personajes, marcas reconocidas o fotografías de celebridades? Nuevamente, la variedad es enorme, pero detrás de todos ellos hay un objetivo común: dar **visibilidad**, expandir la marca para cubrir otros mercados o, para ponerlo en términos más simples, "quedarse con un pedacito del negocio". ¿O a poco creen que Gucci hace maquillaje o D&G diseña departamentos? Más bien, ambos licencian el nombre, la marca, y al hacerlo venden más que labiales o bienes raíces, venden lujo.

Ahora, les pregunto, ¿qué tanto conocen del proceso detrás de esta *asociación de marca*? ¿Cuántas veces se han preguntado qué hay que hacer para poner la imagen de tal o cual personaje famoso en su producto?, o mejor todavía, ¿cómo le han hecho para ser famosos y tener un producto? (lo segundo, por desgracia, no puedo responderlo, si lo supiera, no estaría escribiendo libros, viviría de mis regalías y seguiría desde la primera edición en algún lugar recóndito en Italia de vacaciones; lo primero, en cambio, sí lo sé y es mi especialidad).

A nivel mundial, el negocio de las licencias es uno de los más cotidianos aunque, paradójicamente, es también uno de los menos comprendidos por cada uno de los actores potencialmente involucrados en el proceso. A pesar de ser algo que puede gestionarse de manera muy recurrente, entre cualquier persona o compañía involucrada con una marca —ya sea el propietario de una marca exitosa y reconocida con potencial de licenciamiento, o el productor de un bien o servicio que busca diferenciarse en el punto de venta o enriquecer sus estrategias de marketing—, encontramos todavía una notable falta de información y de sistematización de las experiencias en este campo.

Por ello, para dar a conocer el verdadero proceso detrás de un exitoso programa de licencias y compartir algunas de nuestras experiencias, comenzamos proponiendo esta guía de lenguaje común, que pretende esclarecer el misterioso mundo de las marcas, y poner al descubierto las posibilidades que ofrece y lo simple que es formar parte de un programa de licencias.

¿Qué es una licencia?

Es la autorización, por medio de un contrato, del **uso** de una marca protegida por la ley vigente que demuestra que tiene un propietario (puede ser desde un logotipo o un personaje famoso, *hasta un olor o un sonido*) asociada a un producto o servicio, mediante un pago de regalías por tiempo determinado, bajo estándares de calidad controlados.

Partes que integran una licencia

La marca

Hablar de este tema es adentrarse en un concepto amplio y multifacético, que va mucho más allá de un nombre o un logotipo atractivo. La marca es, al mismo tiempo, una identidad única, una promesa al consumidor, un activo intangible, un conjunto de percepciones y, desde la perspectiva legal, un derecho exclusivo. Estas dimensiones se complementan para formar un todo coherente que define el éxito y la relevancia de una marca en el mercado.

En su esencia, una marca es la *identidad única* de un producto, servicio, empresa o incluso de una persona; aquello que la diferencia en un entorno cada vez más saturado, donde el reconocimiento inmediato y la autenticidad son claves. Esta identidad no sólo se compone de elementos tangibles como el nombre, el diseño o los colores, sino también de aspectos intangibles como los valores, la misión y la percepción que los demás tienen de ella. Una marca bien construida tiene la capacidad de destacar, generar confianza y permanecer en la memoria de los consumidores.

Pero una marca no sólo es lo que se ve, sino también lo que **promete**. En esencia, es un compromiso con el consumidor sobre lo que puede esperar en términos de calidad, experiencia y valores. Esta promesa se convierte en el vínculo emocional que conecta a las personas con la marca, creando lealtad y relevancia. Para cumplir con esta promesa, la consistencia es fundamental: los mensajes, los productos y las experiencias deben alinearse en todos los puntos de contacto.

Además, una marca es un **activo intangible** de gran valor. En muchos casos, el peso financiero de una marca puede superar al de los activos físicos de una empresa. Marcas globales como Apple o Nike no sólo representan productos, sino estilos de vida, aspiraciones y comunidades. Este valor intangible es el resultado de años de inversión, coherencia y conexión emocional con su audiencia. Por ello, protegerla es una prioridad estratégica: desde el registro legal hasta la vigilancia activa contra posibles infracciones.

Sin embargo, existe un asunto central: una marca no es lo que la empresa dice que es, sino lo que los consumidores **perciben** que es, pues es el cúmulo de emociones, experiencias y asociaciones mentales que las personas tienen con un producto o servicio. Una marca exitosa trabaja constantemente para gestionar estas percepciones, alineándolas con la identidad deseada a través de estrategias de comunicación coherentes y efectivas. Las percepciones positivas, además de construir reputación, generan *confianza y diferenciación en el mercado*.

Finalmente, desde el punto de vista legal, una marca es un **derecho exclusivo** otorgado para identificar y diferenciar un producto o servicio. Este derecho es fundamental para proteger el trabajo creativo y estratégico que hay detrás de una marca. La **distintividad** es una característica esencial: una marca debe ser única, no genérica, y estar activamente en uso para evitar conflictos legales. Además, debe renovarse y adaptarse constantemente a los cambios del mercado, manteniendo su esencia mientras evoluciona.

En resumen, una marca es un **ente vivo** que combina identidad, promesa, valor, percepción y protección legal. Para ser considerada como tal, debe cumplir con ciertas características esenciales:

- **Distintividad:** ser única y reconocible.
- **Relevancia:** conectar con una audiencia específica y ser significativa.
- **Consistencia:** mantenerse coherente en todos los aspectos, desde el diseño hasta la experiencia del cliente.
- **Protección legal:** contar con el registro necesario y una vigilancia activa contra infracciones.
- **Evolutividad:** adaptarse a los cambios del mercado sin perder su esencia.

Las marcas son mucho más que elementos de identificación; son *activos estratégicos* que, cuando se gestionan correctamente, pueden transformar un producto o servicio en un símbolo de valor, confianza y relevancia en la vida de los consumidores. En un mundo donde la competencia es feroz, la capacidad de construir, proteger y evolucionar cierta marca es una de las habilidades más valiosas para cualquier profesional o empresa.

Por último, una vez que está establecida la marca, para que sea sujeta de licenciamiento deberá ser conocida en el mercado o tener un programa publicitario lo suficientemente fuerte para representar una ventaja competitiva y un beneficio para el licenciatario, asimismo ha de contar con un vínculo emocional entre la marca en sí o el personaje en cuestión y el mercado al que va a dirigirse. Es decir:

Marca + Exposición/reconocimiento = licencia

todo esto además necesita un diseño que lo haga único y lo distinga de otros similares, para que sea sujeto de ser protegido por la ley vigente.

Ontología de la marca

Es un concepto acuñado por el importante académico Josu Garritz de la Universidad Anáhuac quien, al observar el entorno actual, saturado y siempre en competencia por la atención, la relevancia y la conexión emocional con las audiencias, ha planteado la importancia de explorar qué significa "ser" una marca, cómo se manifiesta su existencia y de qué manera las relaciones con sus audiencias son esenciales para definir su esencia y propósito, y propone considerar algunos aspectos para ahondar en este concepto:

1. Existencia a través de la **relación**. Una marca no existe de forma aislada; su existencia ontológica depende de las relaciones que establece con quienes la perciben y experimentan. En este sentido, la marca se define y redefine continuamente mediante un diálogo dinámico con sus audiencias. Este intercambio no sólo fortalece su relevancia, sino que también le permite adaptar y enriquecer su identidad a medida que evoluciona el entorno en el que opera.
2. El **propósito** como pilar ontológico. En el corazón de la ontología de la marca yace su propósito. Más allá de los productos o servicios que ofrece, una marca con propósito trasciende lo transaccional al generar un impacto positivo en la sociedad. Este propósito no sólo guía sus acciones, sino que también inspira confianza y lealtad, conectando emocionalmente con sus audiencias. Así, la ontología de la marca se alinea con la idea de que las marcas más fuertes son aquellas que responden a un "por qué" claro y significativo.
3. La **co-creación** como motor de valor. El concepto de co-creación es fundamental en la ontología de la marca. Las audiencias no son receptores pasivos, sino participantes activos en la construcción de significado. Sus interacciones, opiniones y emociones moldean la identidad de la marca, creando

un ciclo de valor compartido que beneficia tanto a la empresa como a las personas que la apoyan.

4. Una dimensión **ética y evolutiva**. La ontología de la marca también aborda la responsabilidad ética de las marcas. Cada interacción con las audiencias debe ser auténtica, respetuosa y transparente. Además, para mantenerse relevante, la marca debe evolucionar constantemente, sin perder su esencia, adaptándose a los cambios culturales, tecnológicos y sociales. Este equilibrio entre consistencia y evolución es clave para su sostenibilidad a largo plazo.

Sin embargo, se vuelve necesario aclarar que este concepto de ontología de la marca no reemplaza los conceptos tradicionales, sino que los expande, integrándolos en un marco que prioriza las relaciones, el propósito y la co-creación. En un mundo donde las marcas son símbolos de valor y confianza, comprender su existencia desde una perspectiva ontológica permite una gestión más estratégica y significativa, capaz de transformar no solo el mercado, sino también la vida de las personas.

Licenciatario

Es la persona, física o moral, que produce u ofrece un producto o servicio, y que *adquiere los derechos de uso* de una marca, personaje o celebridad para explotarlos aplicados a su marca, producto o servicio. Por ejemplo: una marca de pañales con los personajes de Bluey.

Licenciante

Es la persona física o moral que *posee todos los derechos* de una marca, personaje o grupo de personajes reconocidos en el mercado, o con una estrategia publicitaria clara, que los hará posicionarse en la mente de los consumidores. Por ejemplo: Disney licencia Mickey Mouse.

El contrato

Es el *mecanismo legal* mediante el cual se regula la relación entre el licenciante y el licenciatario, donde se recogen los procesos de desarrollo del negocio, estableciendo por escrito la legítima propiedad de la marca o personaje a licenciar, la categoría a la que pertenece el producto o servicio, así como los porcentajes de regalías y la forma de pago de la contraprestación por el uso de la licencia.

Garantía mínima

Es el valor del contrato, es decir, el *monto mínimo* que el licenciatario se compromete a pagar al término de su vigencia por el uso de la marca, sin importar las ventas del producto; es el costo de oportunidad que paga el licenciatario al licenciante por el sólo hecho de haber sido elegido entre distintas opciones.

El **monto** lo determinan ambas partes de acuerdo con el tamaño de la categoría a la que corresponde el producto y el volumen de desplazamiento, así como a lo que se proyecta vender, pero, como se detalla más adelante, este monto será cubierto con regalías, y se pagará con excedentes si llegase a ser superado; de lo contrario, se pagará sólo esta garantía.

La regalía

Es el **porcentaje** sobre las ventas del producto o servicio que el licenciatario pagará al licenciante por el uso de la marca o personaje licenciado. Este porcentaje dependerá de la *categoría de producto* a la que pertenezca, puede variar del 1 al 24 por ciento, y se establece en el contrato, además de que se cobra sobre 3 bases principalmente: ventas al mayoreo, ventas al público o ventas en puerto de importación de salida, o FOB, por sus siglas en inglés.

La regalía suele equivaler a un 50 por ciento, aproximadamente, sobre las utilidades netas de un producto o servicio, y el cálculo se basa en el precio de venta, el volumen a desplazar, la categoría a la que pertenece y los márgenes que esta categoría ofrece en la industria, por eso es que los porcentajes varían tanto, aunque la regalía más común oscila entre el 10 y el 14 por ciento para productos de consumo genérico como ropa, calzado o accesorios.

Para productos de alto volumen y de bajo costo la regalía puede llegar a ser del 1 por ciento, en el caso de pañales, por ejemplo, o del 4 al 6 por ciento en caso de electrónicos de precio alto y bajo volumen.

El porcentaje sobre el cual se cobra la regalía también lo determina la base sobre la que se tome, ya que puede establecerse sobre el costo de producción, sobre su precio puesto en el lugar de origen (FOB), sobre los ingresos por las ventas netas a distribuidor (*wholesale*), sobre las utilidades generadas o incluso por el precio de venta al público.

Por ejemplo: si se proyecta vender un millón de pesos en un año y la regalía se fijó en el diez por ciento, la garantía mínima sería de cien mil pesos. Se reportará el diez por ciento sobre sus ventas, y de ser superada la venta de un millón de pesos, se pagará el diez por ciento de cada peso adicional reportado, es decir, por cada cien pesos que venda, se pagarán diez pesos por concepto de regalía en excedentes.

Producto licenciado

Es el **producto o servicio** que contendrá la marca o personaje licenciado, sin importar el tipo o forma que tenga, o que adopte una vez que se adquiera la licencia, pues puede ser impreso, con otra forma, imagen, color, nombre, o como "premio" asociado a la compra, de coleccionabilidad y/o canje, etcétera. Por ejemplo: al imprimir la imagen de Snoopy en una playera blanca común y corriente, ésta deja de ser genérica para convertirse en una playera "de" Peanuts.

Guía de estilo o Manual de identidad

Es el **material de diseño**, ya sea fotográfico o de cualquier tipo de imagen, propiedad del licenciante y que se entrega al licenciatario como herramienta para desarrollar el producto licenciado. Este documento *deberá contener todo lo necesario* desde el punto de vista de diseño, guías de uso y estilo de cada parte que comprenda la marca o personaje, sus formas, colores, leyendas de protección legal, especificaciones generales, empaque, etcétera, mismas que deberán ser aprobadas por el licenciante una vez aplicadas al producto o servicio en cuestión.

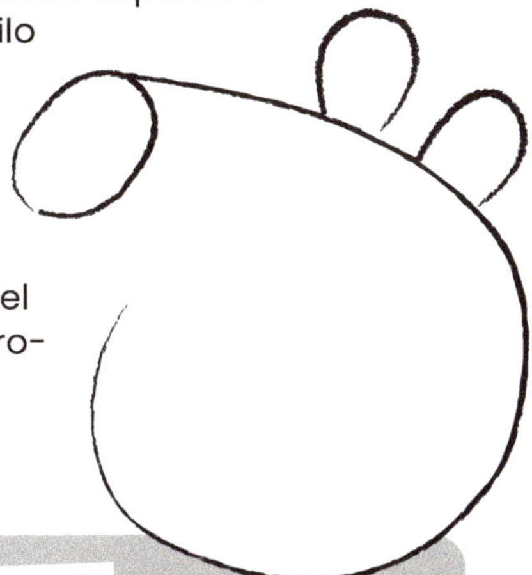

Reporte de ventas

Es el **documento** mediante el cual el licenciatario dará información sobre las ventas periódicamente al licenciante, y que servirá de base para determinar el monto a pagar respecto de la licencia según el porcentaje de regalías que se haya establecido en el contrato.

El círculo de la licencia

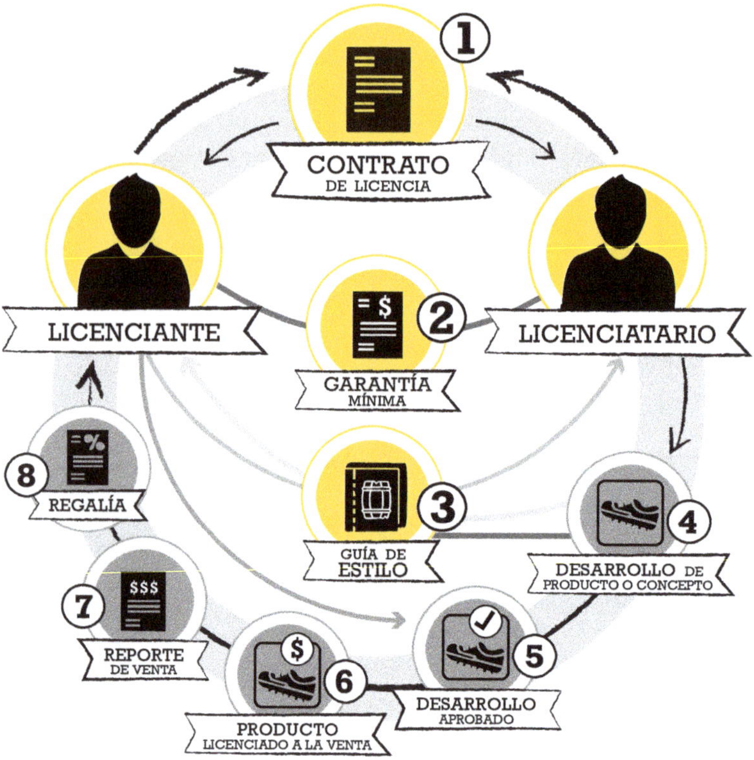

Tipos de licencia

Licencia de propiedades basadas en contenidos

Este tipo de licencia es un **producto mediático**, completamente pensado, producido y desarrollado para plataformas de contenido de consumo inmediato, sin importar el tamaño de la pantalla, pues puede incluir desde un corto en un *smartphone* hasta una película para cine. Su forma de explotación y potencial dependerán de la fecha de lanzamiento “al aire” del programa, es decir su disponibilidad al público, la frecuencia con que aparece (si salen todos los episodios a la vez o si se van dosificando), la accesibilidad (en qué plataformas se podrá ver) y la fuerza publicitaria a su alrededor, el éxito que consiga en audiencia y su permanencia, así como de la "fama" de quienes participan en el contenido, ya sean presentadores en un programa en vivo, creadores de contenido o personajes que lo conforman. De estas licencias es posible explotar el nombre del programa como tal —que se convierte en marca en sí mismo—, la mecánica o contenido cuando aplique o la imagen de los presentadores o personajes que se representan, y se clasifican de la siguiente forma:

Programa de acción viva de transmisión periódica no seriado

Este tipo de emisión se crea normalmente como un programa de contenido y con un público definido. La marca más importante es el nombre del programa y su logotipo, ya que es lo que genera el reconocimiento y lo que lo capacita para respaldar o legitimar un producto o servicio. Los participantes en el contenido suelen variar y ser completamente secundarios; es la marca la que otorga el reconocimiento inmediato del tipo de contenido que vamos a ver.

En estas de asociaciones de marca podemos usar también la imagen de los *presentadores o personajes* que forman parte del programa. El vínculo emocional que se genera es básicamente aspiracional, pues rara vez son personajes ficticios; se trata más bien de *talk shows*, de programas de revista, donde se habla de moda, cocina, decoración, o chismes, o inclusive hasta de concurso (esos donde todos creemos que podríamos haber contestado mejor, o que los presentadores nos hablan directamente a nosotros). Por ejemplo: *¿Quién quiere ser millonario?* O incluso el programa de Oprah Winfrey.

Programa animado de transmisión periódica seriado

Es un tipo de contenido normalmente **autoconclusivo**; esto es, cada episodio tiene principio, desarrollo y fin, o incluso puede continuar al día o la semana siguientes, pero la *vinculación se establece a través de la historia*, de la identificación de los personajes, normalmente ficticios. El vínculo emocional sucede al identificarse con el perfil de los personajes, con la interacción entre ellos o con la trama misma de la historia.
Por ejemplo: *Peppa Pig*, *Bob Esponja*.

Programa de acción viva seriado o telenovela

En este tipo de licencias la marca más fuerte será quizá el *nombre del programa o el personaje protagónico*, ya que es el factor de identificación más fuerte con el público, pero también el resto de los personajes que, independientemente de quién los interprete, son parte medular, la base de la identificación y el vínculo mismo. Lo que busca el público es **vivir** la historia junto con el personaje, **sentir** su sufrimiento o su alegría, pero sobre todo acompañarlo a lo largo del tiempo que dure al aire. Es un producto perecedero, el consumidor "sabe" que va a terminar, aunque en algunos casos podrá verlo por años (como en el caso de *Friends*), y ello se traduce en un impulso natural de compra de producto. En mi opinión, esta condición perecedera ayuda a reforzar el vínculo con el público, que no quiere perderse ninguna oportunidad mientras su programa sigue al aire, y permite a los licenciatarios imaginar estrategias de comercialización y promocionales asociadas a la historia o al hilo conductor.

Por otro lado, los programas que tienen mayor potencial hoy en día son las series familiares, que no son un melodrama total y que abarcan mercados de menor edad; ésas a las que se conoce como comedias situacionales o *sitcom*, y una de las mayores oportunidades que ofrece una serie de este tipo, es "usar" *apoyos recurrentes*, es decir, si un personaje se identifica por aparecer con un cierto reloj, un uniforme, color de pelo o accesorio, esa repetición y exposición representa siempre una gran oportunidad comercial de *identidad de marca.*

Licencia fílmica o de películas

Estas marcas son generalmente **temporales**, pues su fuerza radica en el tiempo que estarán expuestas en la pantalla y la campaña de publicidad a su alrededor, además de que su ciclo de vida suele extenderse según su éxito en taquilla o al llegar a las diferentes ventanas disponibles. Estas ventanas, o lugares de exposición, son cada vez más cortas y sin un orden preestablecido; si bien durante muchísimos años se daba por hecho que la primera ventana era el cine, hoy ya no es así, y la licencia debe contemplarlo.

Los factores principales que convierten la marca en licenciable son sus *personajes y el hilo conductor de la historia*, así como el título mismo de la película, ya sea que se trate de una obra primigenia o secuela. Su potencial de explotación también se define de acuerdo con el mercado al que se dirige, ya que por naturaleza, si se trata de personajes ficticios, estarán generalmente dirigidos a un mercado infantil y por tanto, su potencial será mucho mayor, dado que en las categorías de licencias los niños son quienes representan un mayor negocio por la diversidad de productos que se les pueden ofrecer, así como su rápida reacción al impulso de extender su experiencia con la marca. Sin embargo, un producto así tiene la "desventaja" de la débil lealtad que una marca de este perfil puede tener en un niño pequeño; aunque esto tampoco representa una regla, pues la base del ciclo de vida es directamente proporcional al

éxito del contenido, si bien no necesariamente al éxito de los productos derivados, aunque siempre existe el ejemplo de las cuatro películas de *Despicable Me* y los miles de productos derivados de los Minions.

Esta categoría también incluye las adaptaciones cinematográficas de novelas o colecciones de libros exitosos, como *Harry Potter*, la saga de *Crepúsculo* o la de *Juego de Tronos*. Dichas licencias son *un poco menos riesgosas*, pues el vínculo es más sólido y duradero, ya que se sabe de antemano que existirá una siguiente parte, y eso mantiene la marca viva, con todo y que al ser un target más amplio, con más entregas, disminuye el impacto en productos de consumo.

Licencia de personajes clásicos

Estas marcas son las *más rentables* en el tiempo, dado que su inversión inicial en marca y reconocimiento se capitaliza a lo largo de los años; se trata de marcas que casi no mutan, evolucionan poco y se mantienen en el gusto del consumidor por la fortaleza de los vínculos creados durante años y, en muchos casos, transmitidos de generación en generación; es el caso de Snoopy, o de Dragon Ball.

Este vínculo emocional será el factor más importante en la rentabilidad de los personajes, pues los convierte en un contenido permanente; un ejemplo claro de esto son los personajes de Roberto Gómez Bolaños, creados en los años 70 del siglo pasado y producidos hasta los 90, y que hoy en día siguen al aire en todos los países de América Latina y Estados Unidos, y llegan a cerca de 100 millones de personas todos los días, por lo que en torno a ellos se siguen desarrollando contenidos y programas de asociación de marca a nivel internacional. Algo similar sucede con la historieta *Peanuts* y sus personajes, que fueron creados en 1950 y que, 75 años después, cuentan con más de mil socios comerciales a nivel mundial.

A lo largo de los años, el posicionamiento de este tipo de personajes se va *fortaleciendo* y según el contenido pueden exportarse a diferentes países con cierta facilidad, lo cual permite desarrollar nuevas estrategias en productos para diferentes segmentos de mercado por edades, tanto por el impacto infantil inmediato o en tiempo real, como por el factor nostálgico que despierta en adultos y jóvenes.

La **vigencia** de estas marcas depende de la fuerza con que se posicionen y de su aceptación en el mercado, pero sobre todo de la *profundidad de su vínculo emocional* con la audiencia. Eso sí, para conquistar nuevas generaciones es posible que requieran ser renovadas con cierta frecuencia, de manera que se mantengan "frescas" y competitivas, y si bien dicha "actualización" es importante, no es lo único: por sobre todas las cosas hay que mantener la congruencia y la confianza, es decir, la esencia de la marca, y es aquí donde las colaboraciones pueden jugar un papel clave en la permanencia y percepción de vigencia.

Licencias editoriales

Existen numerosas publicaciones que a lo largo del tiempo han ganado prestigio gracias a su contenido, al nombre de quien lo publica o la editorial que lo respalda. Por esta razón existe una figura de licencia como respaldo que usa como base el **título** de la publicación —ésa es la *marca*—, de manera que cualquier producto editorial o relacionado con la industria que busque *acreditarse o legitimarse* a través del uso del nombre de una publicación de prestigio contra un pago de regalías estaría usando una licencia editorial.

Funcionan así publicaciones como la guía para estar en forma de *Sports Illustrated*, o el libro de la moda de *Vogue*; en esencia, se trata de contenido dirigido a un público muy específico —el ama de casa, el interesado en los deportes—, y respaldado por el prestigio de años de tal o cual publicación.

Se puede considerar también como licencia editorial la otorgada por J.K Rowling a Warner Bros para desarrollar las películas de Harry Potter, aunque en este caso la licencia muta de una licencia editorial a una cinematográfica, que hoy incluye desde productos hasta experiencias, obras de teatro en Broadway y tiendas especializadas en productos para fanáticos y coleccionables.

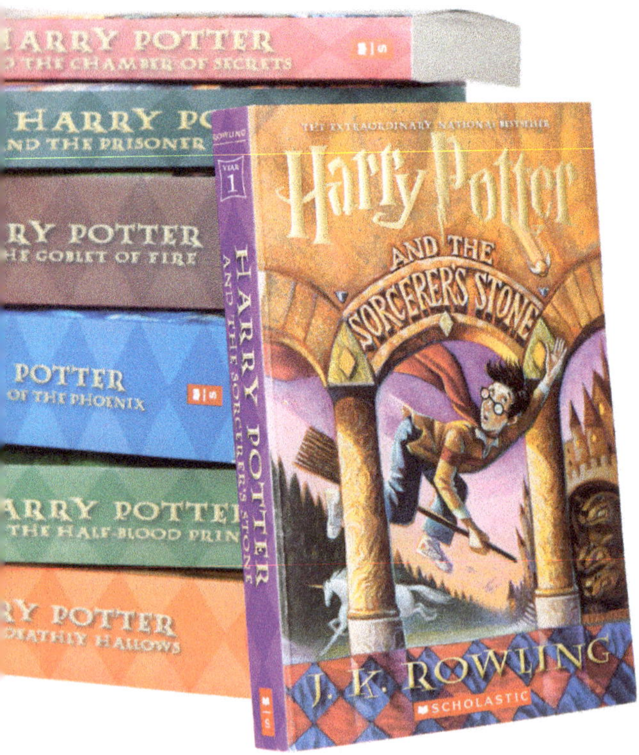

Licensing", licencias de personalidades artísticas, mediáticas, de moda o deportivas... Léase, la famosa marca personal.

La **fama** es uno de los factores determinantes del éxito de una licencia, igual o más que la identificación con el consumidor, ya sea que se trate de una celebridad en el medio artístico (actor, cantante, presentador, comediante) o deportivo (medallistas olímpicos, campeones goleadores), una modelo o socialité, un blogger o creador de contenido, un líder de opinión en temas especializados o simplemente una figura de entretenimiento de las que van naciendo día a día. Esta identificación provoca un *impulso de compra* de cierto producto usado o promovido por la personalidad famosa, y el principal detonador es la empatía e identificación aspiracional, por ello, puesto que se está usando la imagen del personaje en un producto o servicio y ello da un valor agregado, se convierte en el uso de una licencia y amerita el pago de una regalía.

Este tipo de marcas definen una **tendencia**, una moda y, por ende, una pertenencia o grupo que se identifica con gustos similares, como en el caso de los artículos de golf con la marca de Tiger Woods, o la línea de ropa y maquillaje con el nombre de Kylie Jenner o Flower, la que Drew Barrymore legitima. En este rubro, además, es imperativo mencionar a los *líderes de opinión y celebridades de plataformas digitales*, incipientes y en constante crecimiento, a quienes cada vez vemos respaldando más campañas, más productos y más servicios, ya sea a través de una licencia, con el pago de una regalía (colocando su imagen en el producto, empaque o materiales en punto de venta y publicitarios), o simplemente en forma de respaldo, no necesariamente con la asociación de su imagen o marca personal, sino por medio de un pago único publicitario a manera de promoción (como en la producción de posteos en redes o reels con beneficios y bondades del producto).

Licencias de personajes ficticios

Es una licencia de uso de personajes creados como parte de una historia o con características especiales que facilitan su *identificación con el consumidor final*, y que han sido distribuidos de forma masiva por algún medio, ya sea cómic, programa de TV seriado o no, animado o no. En esta clasificación entrarían también los personajes humanos de caracterización, como es el caso de los creados por Marvel —Thor, Flash, Hulk, Spiderman— que, sin importar si tienen o no características humanoides, son ficticios. (Casi todos los personajes creados por algún autor o escritor, o incluso actor o director, son **ficticios**, pues aun cuando pueden estar inspirados en la vida real, contienen un cierto grado de exageración de la realidad, caricaturizaciones y fantasía.)

Licencias deportivas o de estilo de vida

Es una licencia de uso de marcas representativas de un estilo de vida y deportivas que emulan un perfil atlético y se convierten en **aspiracionales**, de modo que quien las consume lo hace con la idea de que así forma parte de un grupo o perfil específico.

Por ejemplo, Nike, Adidas, FIFA.

Licencias corporativas o marcas famosas

Es una licencia de uso de marcas reconocidas que evocan momentos, situaciones o experiencias que liberan **emociones específicas** relacionadas con el producto, ya sea la sensación de calidad, de confianza o simplemente de reconocimiento; es el caso de Coca-Cola, Ferrari, Gucci o Hershey's.

Explotación de las licencias

Existen varias maneras de explotar una marca en un programa de licencias de modo que se adecue a la estrategia de cada persona o compañía que lo solicite, o que se convierta en un licenciatario potencial.

Licencia de producto de línea

Producto existente

Un licenciatario potencial que posea un producto o servicio en el mercado y que busque añadir una *ventaja competitiva* podrá utilizar una estrategia de licencias a sus desarrollos; esto es, a un producto ya existente en el mercado, sea modificándolo a través del uso de la imagen de una marca o personaje licenciado, sea cambiando el nombre de su producto, como valor agregado en el empaque, con un cambio o un estampado o bordado de la marca en su producto, etiquetado como producto oficial de la marca en cuestión, etcétera.

Producto nuevo

Un buen concepto de producto o servicio puede ser suficiente para incursionar en un mercado tan competitivo como el actual, pero si a nuestro producto le sumamos cierto personaje o marca reconocida y llevamos a cabo un lanzamiento novedoso, podremos contribuir a minimizar el riesgo.

Muchas veces encontramos un negocio potencial en determinada marca famosa a la que sumamos el desarrollo de un producto que no existe en el mercado; esto nos puede ayudar a entrar con mucha mas fuerza y nos ofrece un *posicionamiento inmediato*, así como una apertura más sencilla de los canales de distribución, dado el reconocimiento de la licencia asociada al producto a lanzar. O quizá, si un producto o servicio existente en otro mercado internacional quiere abrir un territorio nuevo, puede beneficiarse de la asociación con una marca local.

Licencia promocional

Este tipo de licencia es de un *solo golpe*, pues implica aprovechar la imagen del personaje o marca vinculándolo con otra, de manera que unan sus fuerzas en el mercado en un solo impacto.

Es decir, lo que hace esta licencia es **aprovechar** la fuerza promocional de cierta marca o personaje en su momento de auge para asociarla de manera "externa" con el producto ya existente, o que subsista por sí solo una vez terminado un periodo finito de uso de licencia.

Normalmente un periodo promocional tiene poco tiempo de vida en anaquel, usa la mayor cantidad de apoyo publicitario posible y su vigencia normal es de 8 a 12 semanas; pensemos, por ejemplo, en un yogurt con la imagen de los Minions, o unas galletas con Kung-Fu Panda, ambos productos existen independientemente de los personajes, y su asociación es fugaz.

Licencia directa al mercado o "Direct To Retail" (DTR)

Este tipo de licencia es muy común, sobre todo en las compañías que controlan uno o varios canales de distribución directa y que no suelen ser productores directos, sino que mandan maquilar un cierto número de piezas para distribuir en sus canales.

Estos canales de distribución pueden ser:

- **Cadenas de tiendas** de cualquier categoría, nivel de especialización o demográfico de mercado (autoservicios, las llamadas *mid-tiers* o medianas, como Sears o Suburbia, departamentales, como Palacio de Hierro, especializadas, farmacias, etcétera). Estas cadenas de distribución o grupos de tiendas pueden comprar una licencia para desarrollar productos específicos que adquieren de un tercero que únicamente puede venderles a ellos; un ejemplo claro de esto sería la asociación de un personaje famoso a una "marca propia" o "*white label*".

- **Catálogos de venta directa:** aquí se desarrollan productos específicos para la venta por catálogo, o venta directa. Estos productos nunca, o casi nunca, podrán adquirirse en establecimientos. Dicho canal es de gran volumen, dado que su esfuerzo directo se concentra en un solo mercado meta y el resultado en las ventas es inmediato.
- **Mercado informal, distribuidores masivos o mercado fuera de control fiscal:** son todos los puntos de venta donde podemos encontrar productos a bajo costo y regularmente de baja calidad, lo cual no necesariamente los convierte en un mal negocio. Esta es una de las estrategias más audaces que existen para hacer frente a la piratería.
- **Licencias de objetos promocionales para eventos en vivo:** son productos desarrollados con el objetivo específico de cubrir el impulso de compra en un evento masivo, como en auditorios, salas de conciertos, teatros, o arenas. Este tipo de licencia también es clave para combatir la piratería.

Licencia de distribución o intermediación

Este tipo de licencias se utilizan para facilitar la entrada de productos previamente desarrollados por otras compañías en el extranjero, o por aquellas nacionales que no tienen capacidad de distribución a otras regiones.

Al trabajar con una empresa capaz de distribuir en un *mercado específico* un producto previamente desarrollado con una marca, acortamos el tiempo de desarrollo y los costos de producción para el licenciatario en cuestión, pues este sólo deberá adquirir el permiso por parte del licenciante o dueño de la marca y realizar el pedido al productor externo autorizado para importar o colocar de forma inmediata el producto licenciado final.

Aquí el pago de regalías puede variar, dado que habría, por decirlo así, dos licenciatarios oficiales: el que ya desarrolló el producto y lo distribuye en su territorio o canal, y el que lo compra ya desarrollado para introducirlo en otro territorio o canal; por esta razón, la regalía puede pagarla cualquiera de los dos, siempre y cuando la negociación sea justa para el licenciante y no se dé el caso de que, por tener que pagar una regalía muy alta, o doble, el precio se eleve tanto que "saque" de mercado al producto.

Canales de distribución

Licencias de promoción en retail o campaña temporal

Las cadenas de tiendas —ya sea de autoservicio, especializadas, las llamadas *mid-tiers* o departamentales— utilizan marcas para **vestir** sus tiendas, para dar regalos contra pruebas de compra de determinados montos y de este modo atraer tráfico que a su vez generará ventas, o bien organizan shows interactivos o firmas de autógrafos con el consumidor de las marcas famosas o de los personajes populares entre los niños... Todo esto hace que la tienda se convierta en un **destino**, y la actividad puede considerarse una licencia, dado que si bien no hay ventas directas sobre las cuales pagar una regalía, sí hay un negocio secundario indiscutible para el retailer, pues el tráfico generado por la marca en su tienda termina repercutiendo en ventas, y por lo tanto se fija un precio neto en lugar de un porcentaje sobre las ventas.

Sin embargo, puesto que se ha convertido en una práctica cada vez más común, la tendencia es hacia no considerarlo una licencia sino una promoción de la marca, y se acepta que el costo debe ser cubierto por los licenciatarios en su conjunto, ya que el tráfico estaría dirigido a sus productos en específico a través de compras o inversiones mayores en inventario por parte del *retailer*.

Por otro lado, en caso de que la actividad en cuestión tenga un costo para el usuario, si se tratara, por ejemplo, de la instalación de un centro de entretenimiento a la entrada de una tienda departamental, y se cobrara cierta cantidad para entrar a media hora de una experiencia del personaje, ahí sí se haría necesario

pagar una *regalía* a la marca, dado que la tienda estaría percibiendo un ingreso asociado a ésta.

Licencias de contenido (musical, impreso o audiovisual)

En este tipo de licencias se desarrollan contenidos derivados, pero que representan la imagen de la marca en forma de contenido, ya sea teatral, musical, para publicaciones impresas o incluso en experiencias inmersivas.

El **contenido** es la base esencial de la marca, y funciona como el elemento que construye el vínculo emocional natural; sin embargo, en mi opinión, éstas son las categorías más complicadas y más difíciles de aprobar, ya que para que funcionen deben tocar las mismas fibras y la misma sensibilidad que el contenido original, y por ello suelen ser las que requieren más tiempo de desarrollo y una mayor inversión. Esto dicho, *en caso de que funcionen, la recompensa es proporcional al éxito*. Ejemplos: *Live show*, de Bluey, la película de *Cincuenta sombras de Grey*.

LBE o Local Based Entertainment

Se refiere a todo aquello que puede ser evocado respecto a la marca, pero que se coloca fuera de casa, es decir en un lugar específico que ha sido construido o diseñado para una experiencia directamente relacionada con la marca. Este término, y este tipo de licencia, se ha ido haciendo cada vez más popular a medida que las nuevas generaciones han ido exigiendo mayor interacción directa con la marca, lo cual ha disparado este tipo de marketing, *llamado de experiencias*.

Los pioneros en la presente categoría fueron los parques temáticos, los cruceros, los hoteles y algunos restaurantes, y hoy crece con mucha más fuerza en cada territorio por la **cercanía** que se establece entre la experiencia y el contenido, sin que esta llegue a ser un contenido como tal. Es el caso de los campamentos o restaurantes temáticos como el Bluey Camp, o el Hello Kitty Café.

Cómo analizar una licencia

Atributos de la marca

VÍNCULO EMOCIONAL Factor que hace una propiedad licenciable

Ejemplo: Entrañable, identificación con el personaje, empatía, humor blanco.

RECONOCIMIENTO La fama es el factor principal

Ejemplo: Personaje creado hace más de 40 años y ha pasado por generaciones.

ÉXITO Actitud del público objetivo ante la marca

Ejemplo: Se creó la serie animada y a partir de ello, un exitoso programa de licensing.

COMPETENCIA Saber quién más está en el mercado en qué medios, con qué presupuesto

Ejemplo: Es un personaje difícil de imitar por el vínculo emocional y los años.

CICLO DE VIDA Permanencia en el anaquel

Ejemplo: Se sigue renovando sin perder su esencia.

Lo más importante a considerar para evaluar una posible licencia son los atributos de la marca, ya que para ser considerada como tal y ser sujeta de licenciamiento debe presentar:

Un vínculo emocional. A título personal, es el factor que hace que una propiedad sea o no licenciable; puede haber un mundo de personajes reconocidos en el mercado, que tengan apoyo publicitario, con un ciclo de vida largo, pero si no se vinculan *emocionalmente* con el consumidor final, no existirá un negocio posible, pues se nulifica el impulso de compra. Para que se genere una venta, es indispensable que la persona se identifique con el personaje o marca, que le evoque recuerdos, que le haga sentir aceptado, comprendido, que entienda lo que respalda y por qué lo respalda... en una palabra, que se *identifique* con el producto.

Una fuerza mínima de reconocimiento en el mercado, pues de lo contrario no pasaría de ser una buena idea. La FAMA es el factor principal del análisis de reconocimiento y potencial de uso de una marca, y su alcance en medios debe ser el primer punto para saber si podremos o no explotarla a nivel comercial.

El tercer punto que debe ser considerado con gran detalle es la *actitud del público objetivo ante la marca*, personaje o idea, es decir, el **éxito**. Esto va directamente relacionado con los elementos anteriores, porque si la marca es famosa y reconocida, es posible generar un vínculo emocional. Si se logra detectar y estudiar la reacción del mercado ante la marca, podremos prever con mayor certeza la posibilidad de éxito una vez disponible el contenido en las pantallas y medios, o cualquiera que sea su estrategia masiva.

El cuarto punto a analizar en una marca es su **competencia**, *quién más estará en el mercado en esas fechas*, en qué medios, con qué diferencia presupuestal en inversión y alcance masivo, así como el mercado dirigirá sus esfuerzos.

El último punto lo constituye su tiempo de permanencia en anaquel o **ciclo de vida**, y en este sentido las marcas se clasifican de la siguiente forma:

Marca de corto plazo (hot)

Es una marca, personaje o película que sólo durará unos meses en el mercado. El caso típico es el de una película para cine (*theatrical*) o los programas de concursos de afiliación (de canto o baile, por ejemplo), los *reality shows* (como *Big Brother*, *Fear Factor*, o *American Idol*) cuya duración en la mente del consumidor es muy corta; consiguen su clímax de vida en menos de 8 semanas, su alcance es global en todas o la mayoría de las plataformas de distribución y por ende en múltiples niveles socioeconómicos y rango de edades. Es el tipo de contenido que suscita la frase "todos están hablando de esto".

Estas propiedades hay que aprovecharlas de **inmediato**, precisamente porque su tiempo de vida es muy corto; sin embargo, tienen la debilidad de que ofrecen un escasísimo tiempo de preparación, pues su éxito y resultados no suelen verse hasta que los contenidos están "afuera". Por ello, las películas o los formatos cortos de programas (desde *El rey león* hasta *La voz*) son considerados de *alto riesgo* en el mundo de las licencias, pues aun con poca visibilidad la inversión es muy grande, y es muy difícil calcular su impacto y, por lo tanto, tener una buena capacidad de reacción.

Marca de mediano plazo (in-out)

Este tipo de marcas pueden considerarse de *riesgo medio*, ya que su impacto es muy fuerte al igual que las licencias hot, pero su tiempo de vida es más largo, y se va haciendo cada vez mayor con el incremento en la cantidad de plataformas de distribución disponibles; esto ha alargado el periodo de vida pues ha extendido el tiempo de exposición e incluso el de interacción con la marca.

En este rubro entrarían los formatos de TV, las telenovelas (como *Patito feo*), los programas de concursos (como *Cien mexicanos dijeron*), y hasta los fenómenos mediáticos sin precedentes (como el "Gangnam Style").

Este tipo de propiedades pueden alargar su ciclo de vida, pero es difícil definirlo de entrada, se va aclarando hasta ya muy avanzado su proceso, y entonces su tratamiento en licencias cambiaría, pues si un producto tiene un tiempo de desarrollo prolongado antes de salir al mercado (si se trata de un cobertor estampado e importado, o de un juguete de molde corpóreo en 3D hecho en China) hay que pensar si este tipo de licencia es la más conveniente, o si es preferible desde su planeación detectar las oportunidades viables.

Son ejemplos de marcas de mediano plazo *Plantz VS Zombies*, de Pop Cap, o *Angry Birds*.

Marca de largo plazo (clásico)

Este tipo de propiedades son una **mina de oro**. Si bien el proceso es muy delicado, muy riesgoso y muy difícil de alcanzar, una vez que se ha conseguido tener una marca de largo plazo, clásica o *"evergreen"*, las posibilidades son infinitas, puesto que su permanencia en el mercado es **continua**, podrá tener puntos fuertes y caídas leves, pero no saldrá nunca de la mente del consumidor ni de su gusto, tiene presencia en el mercado de modo ininterrumpido y abarca todas las categorías acorde al tipo de marca, ya que su ciclo de vida en anaquel no tiene riesgo real.

Para analizar una marca de este tipo es indispensable conocer el plan de mercadotecnia e inversión publicitaria del licenciante o dueño de la propiedad, pues mientras el producto se mantenga en la mente del consumidor y con una renovación continua y permanente, será garantía de negocio sostenido, mientras que de lo contrario el riesgo que se corre será el mismo que una propiedad a mediano plazo.

Lo más importante para saber si un clásico tiene potencial de licenciamiento o no es su respaldo continuo y su renovación de tiempo en tiempo. Es el caso de *Star Wars*, de Lucas... ah no, perdón, de Disney. Y sí, también del Chapulín Colorado, para que no se aburran del *Chavo del 8*.

Asociación de marca vinculada a un producto existente y reconocido, o promoción

Antes de asociar a cualquier tipo de marca con otro producto ya posicionado, o buscando que se posicione, hay que analizar detalladamente que sean **compatibles** tanto en el mercado al que se dirigen como en su imagen, pues una licencia mal aplicada podría llegar a ser mucho mas dañina que benéfica.

El mercado debe tener una *percepción idéntica o similar* de ambas marcas o marca y personajes a asociar, de modo que sus esfuerzos e inversiones publicitarias sumen en vez de restar. Un ejemplo de esto es la marca de productos de belleza L'Oreal asociada con una actriz internacional, guapa, joven y aspiracional como Eva Longoria.

A esto yo lo llamo *un análisis de la asociación marca-producto*, y de lo que esperamos que salga de ahí. Es decir, si estoy considerando una asociación de este tipo, debo antes analizar el impacto de una licencia o propiedad sobre mi marca o producto, de forma que pueda construir un escenario cercano a la realidad de la manera en que reaccionaría el mercado. Para realizar este ejercicio tomo en cuenta:

- nivel socioeconómico al que está dirigido,
- alcance y penetración de la marca, y
- edad, sexo y nivel sociocultural del público

y si veo que existe una congruencia entre estos tres rubros, me planteo que exista una congruencia entre la marca y la celebridad, el producto y el personaje, o el servicio y la identidad de la licencia. Sólo entonces contemplo la viabilidad de la asociación.

Beneficios de una licencia

Una vez llegado a este punto, podríamos enumerar los siguientes elementos como beneficios de una licencia:

- Permite una clara **diferenciación** con la competencia en punto de venta y, por ende, en la mente del consumidor.
- Ayuda a la **penetración** de nuevos canales.
- Crea en el mercado la **percepción** de que se trata de un producto innovador y de alta calidad.
- Incrementa las **ventas**.
- Se convierte en **publicidad asociada** a un costo bajo y directamente proporcional a las unidades de venta.
- En el caso de la asociación de marca, representa una **suma de esfuerzos** con otras categorías y presencia en punto de venta, lo cual se traduce en beneficios en grupo, volumen o incluso precio o espacio en retail.
- Le da al producto un **valor agregado** con respecto a un producto genérico.
- Crea la ilusión de **exclusividad**.

¿Qué se necesita para vender una licencia?

Es indispensable contar con una marca, personaje o propiedad única, protegida por la ley vigente donde vaya a distribuirse o explotarse, y cuya pertenencia se acredite, además de que sea famosa o pueda llegar a serlo mediante un programa confirmado de publicidad, promoción o lanzamiento masivo, pero, sobre todo, que tenga establecido un **vínculo emocional** con el público meta. Si mi marca no despierta emociones en el público, difícilmente podré venderla como licencia.

¿Qué se necesita para comprar una licencia?

Tener un producto o la posibilidad de desarrollar un producto para integrarlo al mercado de consumo masivo, así como ser una sociedad legalmente constituida o ser persona física legalmente registrada como tal, tener los canales de distribución abiertos para conseguir llegar al mercado y una salud financiera tangible y demostrable.

Por otro lado, algunos estudios (el término que usamos para referirnos a los licenciantes, sobre todo si son empresas grandes y establecidas) demandan *certificaciones internacionales* de acuerdo con la categoría a la que se refiera el producto a desarrollar; principalmente exigen que los actores cumplan con todas sus obligaciones legales y fiscales, y observen comportamientos éticos de mercado, posean seguros de responsabilidad civil, y garanticen buena calidad y distribución, o que gocen en general de una buena reputación.

Otros no son tan detallados en sus exigencias, pero aun así asumen que todo licenciatario que se asocie a su marca se preocupará por *cuidar la imagen* que vaya a vincularse con su producto o servicio.

EL DICCIO-NARIO

1. Qué es un licenciatario

Recordemos la definición nominativa de licenciatario establecida en la sección de Lenguaje común: es la persona física o moral que produce u ofrece un producto o servicio y que adquiere los derechos de uso de una marca o personaje para explotarlos aplicados a su propia marca, producto o servicio, en un territorio determinado.

a. Perfil del licenciatario

Un licenciatario confiable debe estar formalmente establecido, y ser capaz de dar fe libremente de cada uno de sus actos, contar con un domicilio corroborado, garantizar calidad y tipo de producto, así como canales de distribución confiables. Para plantearlo más sencillamente, diremos que es necesario cubrir los siguientes requisitos:

- Llenar el perfil del cliente con todos y cada uno de los datos generales de su empresa.

- Presentar:
  - acta constitutiva de la empresa,
  - copia de la última enmienda al acta constitutiva,
  - reporte anual o último balance con firma legible o logotipo,
  - propuesta firmada y autorizada por la persona que aparece en el acta constitutiva.
  - muestras genéricas de los artículos a licenciar y
  - una proyección de ventas anualizada, tomando en cuenta los artículos a licenciar y la licencia solicitada.
  - cumplir con los lineamientos específicos del estudio o licenciante con el que desee trabajar, de acuerdo con las solicitudes, seguros y reglas que cada uno imponga.

b. Derechos y obligaciones

a. El licenciatario está obligado a desarrollar cada uno de los artículos especificados dentro de su contrato y dentro del periodo de tiempo pactado.
b. Está obligado a hacer buen uso de la marca y de las imágenes que la forman.
c. Deberá cumplir con las normas de calidad especificadas.
d. Deberá someter sus productos a la aprobación de arte, como se plantee, y se obliga a no vender producto que no haya sido previamente autorizado.
e. Está obligado a cumplir con los pagos contractuales, reportes de ventas mensuales o trimestrales y, de ser el caso, con el pago de regalías.
f. Se obliga de igual manera a vender dentro del periodo de tiempo autorizado. Una vez que termine su contrato, se le otorgarán de 3 a 6 meses de "sell-off period", o periodo de venta de saldos, lo cual implica que contará con este tiempo para vender el producto que le quedó en inventario, sin producir una pieza más. (Este

periodo podría ser mayor, de acuerdo con las negociaciones que se establezcan en cada caso.)

g. Está obligado a cumplir cada una de las cláusulas del contrato sin excepción alguna.
h. Por ningún motivo podrá sublicenciar su contrato a otra empresa, a menos de que sea expresamente permitido por contrato.
i. Tendrá el derecho de explotación de la licencia, marca o personajes para el producto que constriñe su contrato.
j. Tendrá el derecho de acceso a todo el arte oficial y original en la resolución necesaria para el desarrollo del producto, así como cualquier tipo de apoyo publicitario que requiera y esté disponible.
k. Tendrá derecho a toda la información respecto de la licencia que está adquiriendo, como apoyo en medios, planes de mercadotecnia y respaldo publicitario estructurado alrededor de la misma, con el objetivo de que su planeación se lleve a cabo de forma tan colaborativa como sea posible, y consecuentemente minimice su riesgo.

2. Qué es un licenciante

De igual manera, en páginas anteriores se describió al licenciante como la persona física o moral que posee todos los derechos de una marca, personaje o grupo de personajes reconocidos en el mercado o con una estrategia publicitaria anexa, ejecutada debidamente o por ejecutarse, que los hará posicionarse o mantenerse en la mente y el gusto de los consumidores.

a. Derechos y obligaciones

- El licenciante deberá cumplir con cada una de las cláusulas contenidas en el contrato.

- Se verá obligado a dar exclusividad (aunque sea sólo de palabra) al licenciatario para los productos que éste vaya a desarrollar, ya que hay pocos mercados lo suficientemente grandes como para contar con dos o más licenciatarios con la misma categoría de producto.

  (Es importante aclarar que el hecho de que se establezca como "de palabra" es ya un uso común en la industria y se hace para proteger al licenciante, pues si bien contractualmente no puede haber una exclusividad, si se diera el caso de que la empresa entrara en una situación de suspensión de pagos, quiebra o similar, la categoría quedaría bloqueada hasta la terminación del contrato, perjudicando al licenciante.)
- Deberá proporcionar al licenciatario todo el material de arte correspondiente, así como asesorarlo en su utilización.
- El licenciante deberá proveer al agente con herramientas para dar servicio al licenciatario, y apoyarlo en el desarrollo y comercialización de su producto.
- El licenciante está obligado a promover adecuadamente la marca, de forma que sea redituable para el licenciatario.
- El licenciante está obligado a mantener todas y cada una de las protecciones legales necesarias para que la marca sea explotada libremente según la legislación de cada país, tanto registros de marca como reservas de derechos de autor según aplique.
- Tendrá el derecho de negar la salida al mercado de un producto o servicio por considerar dentro de un parámetro tangible que no cuenta con la calidad mínima requerida por su marca.
- Tendrá derecho a solicitar muestras (un número acordado previamente entre las partes), así como a determinar los cambios que considere pertinentes durante el proceso de aprobación de arte.

b. Implicaciones del propietario de la marca

Ser el propietario de una marca es una gran responsabilidad, pues será el propietario quien se ocupe de mantenerla vigente, y esa vigencia representa la premisa o indicador principal de que una marca sea o no buen sujeto de licenciamiento.

Bajo esta premisa, es indispensable que el propietario mantenga siempre "viva" la marca y que haya una clara planeación de cada una de las etapas de su ciclo de vida, para poder dar respuesta a los licenciatarios y generar el negocio que buscan todas las partes involucradas.

Todos los gastos que requieren que una marca esté legalmente protegida y que sea adecuadamente promocionada deberán correr a cargo del licenciante.

3. Qué es un agente o representante

La agencia trabaja directamente para el licenciante, bajo una comisión que éste le cede a cambio de su trabajo y de las ventas que llegue a colocar en el mercado. Es una extensión del licenciante que, no obstante, debe presentar todas las opciones y propuestas al dueño de la licencia para su aprobación y decisión final.

En este tipo de relación, suelen manejarse los porcentajes de la siguiente forma: entre el 25 y el 50 por ciento para el agente, y el resto para el licenciante o propietario de la marca, y el monto depende principalmente del nivel de inversión e involucramiento del agente para el éxito y penetración de la marca en cada mercado.

La relación entre agente y licenciante se establece a través de la firma de un contrato que determina las obligaciones y responsabilidades de cada una de las partes, en el cual se especifica el porcentaje de ganancias que recibirá cada uno, así como el periodo de la relación de trabajo, las condiciones, pagos, comisiones, etcétera.

Una vez que se ha firmado el contrato, el licenciante deberá entregar al agente el material de trabajo con el que va a contar: material de arte, promocional, formatos para adquirir una licencia, información sobre la licencia y sus personajes o logotipos, y todo lo que necesite para desarrollar su labor.

a. Derechos y obligaciones

Obligaciones del licenciante con la agencia:

- Proporcionar todo el material de arte y promocional, así como la información sobre la licencia y todos los elementos que la forman.
- Hacer promoción en medios masivos, como radio, televisión, periódicos, medios digitales, etcétera, para mantener "viva" la licencia.
- Mantener informado al agente de cualquier cambio dentro de la licencia o lo relacionado con ella.
- Registrar las marcas y logotipos de la licencia.
- Contemplar la contratación de un despacho de abogados para la protección contra la piratería.
- Responder a las necesidades del agente en un tiempo adecuado, para que éste pueda dar un buen servicio a los licenciatarios.
- Otorgar la aprobación final al arte generado por los licenciatarios en un periodo de tiempo adecuado.
- Dar la autorización final para que los licenciatarios tengan derecho a utilizar sus marcas.
- Otorgar un contrato exclusivo al agente para la representación de sus marcas e imágenes, dentro de uno o más territorios.

Obligaciones del agente con el licenciante:

- A partir de que la agencia cuente con todo el material, realizará una búsqueda intensa de compañías productoras o distribuidoras de diferentes bienes de servicio y de consumo, así como de socios promocionales, con el fin de crear una cartera de licenciatarios y una línea de productos.

- Buscará compañías que garanticen buena calidad, buena distribución y un buen posicionamiento en el mercado, ya que la imagen de la licencia dependerá en gran parte de los licenciatarios.
- Revisará toda la información proporcionada por el licenciatario, con el fin de cerciorarse de que se trate de una empresa confiable.
- Cuidará el buen nombre e imagen del licenciante.
- Enviará las propuestas al licenciante para su aprobación final.
- Supervisará la firma del contrato por parte del licenciatario y del licenciante y después entregará a ambos su copia original, debidamente firmada por todas las partes.
- Estará obligado a entregar y explicar el material de arte, así como a recibir los diseños realizados por los licenciatarios y enviarlos al licenciante para su aprobación final.
- Vigilará el cumplimiento del contrato por parte del licenciante y el licenciatario.
- Se ocupará de que el licenciatario cumpla con su obligación contractual enviar reportes de ventas al agente.
- Cobrará los pagos que se generen de los contratos con los licenciatarios, y asimismo enviará el porcentaje acordado previamente al licenciante.

b. Licenciatario maestro

Para no extender ni complicar de más este capítulo, diremos que la única diferencia entre la agencia y el licenciatario maestro es que la agencia funciona únicamente como un intermediario entre el licenciante y el licenciatario, mientras que el licenciatario maestro toma todos los derechos y obligaciones de un licenciatario común ante el licenciante, a través de la firma de "contratos de sublicencia" con los diferentes actores de cada categoría, mismos que se convertirán en sublicenciatarios de la marca.

Esto es, no sólo deberán mantener al licenciante al tanto de los aspectos habituales de un agente, sino que adoptarán las responsabilidades de las garantías mínimas, la cobranza directa y la responsabilidad legal de cada contrato.

La licencia maestra, aunque no lo parezca, otorga mucha más libertad que la agencia, puesto que se reducen las etapas del proceso de toma de decisiones, y en general de las autorizaciones y manejo de la marca en sí.

Por ejemplo, en el caso del Chavo del 8, el propietario de la marca es Roberto Gómez Bolaños (en este caso, el licenciante), y está representado por Televisa a nivel mundial (la que figura como su licenciatario maestro).

4. Proceso de aprobación de contratos de licencia bajo la figura de agencia:

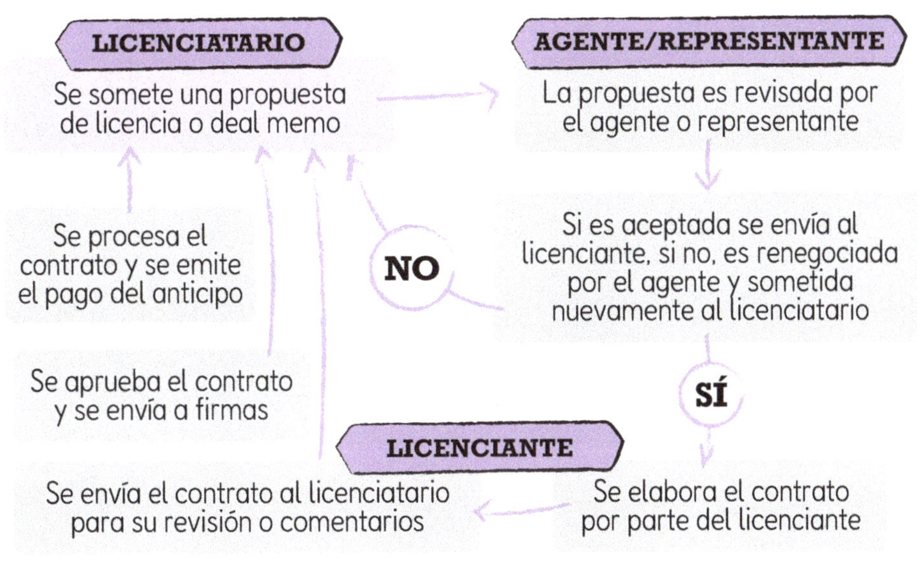

5. Categorías de productos y servicios

6. Protección legal de una marca

a. Cadena de contratos ("chain of title" en inglés)
En la cadena de propiedad intelectual, es la forma de demostrar que el dueño de una marca ha permitido que alguien más la explote. Normalmente se expresa a través del contrato de cesión de derechos de autor que cada uno de los creadores de una obra otorga habitualmente a favor de una

sociedad, para la explotación del contenido que ha creado en todos los soportes y productos posibles, conocidos y por conocer. En el caso de una obra audiovisual, la ley considera autores a los dibujantes, diseñadores, guionistas y argumentistas, a los directores y a los músicos; de igual forma, serán considerados autores con derecho sobre el contenido aquellos que hagan adaptaciones futuras, por lo que esta cadena de contratos deberá seguir mientras la obra esté en explotación y sea sujeta de nuevas adecuaciones según sea el caso y el nivel de modificaciones que ésta reciba. Se reconocerá como autor de la obra "primigenia" al original y como "adaptadores" con ciertos derechos aquellos que participen en dichas modificaciones.

Este tipo de cesiones tienen como fin controlar principalmente los ingresos y el futuro negocio de la explotación de las marcas de acuerdo con la participación de aquellos que invierten en el desarrollo, los que crean, producen, escriben y gestionan la explotación. Es importante establecer que, si bien pueden cederse los derechos económicos o patrimoniales, no pueden cederse los derechos morales, lo cual implica que los autores detentan un derecho inalienable, es decir, al que ni ellos mismos pueden renunciar, y por lo tanto siempre deberán ser reconocidos como autores en los títulos de crédito, premios, menciones o reconocimientos.

b. Registros

Para que una marca pueda ser vendida legalmente bajo el esquema de licencia, deberá estar debidamente registrada ante las autoridades pertinentes:

En México, ante el Instituto Mexicano de Propiedad Industrial (IMPI), el que bajo la estructura de protección legal de una marca, se rige por leyes y tratados internacionales. Existen 42 clases diferentes de registro y cada clase recoge una serie de categorías de producto, que se detallan a continuación:

PRODUCTOS

Clase 1

Productos químicos para la industria, la ciencia y la fotografía, así como para la agricultura, la horticultura y la silvicultura, resinas artificiales y materias plásticas en bruto; abonos para el suelo, composiciones extintoras, preparaciones para templar y soldar metales, productos químicos para conservar alimentos, materias curtientes y adhesivos para la industria.

Clase 2

Pinturas, barnices, lacas, productos antioxidantes y productos para conservar la madera; materias tintóreas, mordientes, resinas naturales en bruto, metales en hojas y en polvo para pintores, decoradores, impresores y artistas.

Clase 3

Preparaciones para blanquear y otras substancias para lavar la ropa, preparaciones para limpiar, pulir, desengrasar y raspar; jabones, productos de perfumería, aceites esenciales, lociones capilares, cosméticos y dentífricos.

Clase 4

Aceites y grasas para uso industrial, lubricantes, productos para absorber, rociar y asentar el polvo, combustibles (incluida la gasolina para motores) y materiales de alumbrado, velas y mechas de iluminación.

Clase 5

Productos farmacéuticos y veterinarios, productos higiénicos y sanitarios para uso médico, alimentos y sustancias dietéticas para uso médico o veterinario, alimentos para bebés, complementos alimenticios para personas o animales, emplastos, material para apósitos, material para empastes e improntas dentales, desinfectantes, productos para eliminar animales dañinos, fungicidas, herbicidas.

Clase 6

Metales comunes y sus aleaciones, materiales de construcción metálicos, construcciones transportables metálicas, materiales metálicos para vías férreas, cables e hilos metálicos no eléctricos, artículos de cerrajería y ferretería metálicos, tubos y tuberías metálicas, cajas de caudales, productos metálicos no comprendidos en otras clases, minerales metalíferos.

Clase 7

Máquinas y máquinas herramientas, motores (excepto motores para vehículos terrestres), acoplamientos y elementos de transmisión (excepto para vehículos terrestres), instrumentos agrícolas que no sean accionados manualmente, incubadoras de huevos, distribuidores automáticos.

Clase 8

Herramientas e instrumentos de mano accionados manualmente, artículos de cuchillería, tenedores y cucharas, armas blancas, navajas y maquinillas de afeitar.

Clase 9

Aparatos e instrumentos científicos, náuticos, geodésicos, fotográficos, cinematográficos, ópticos, de pesaje, de medición, de señalización, de control (inspección), de salvamento y de enseñanza, aparatos e instrumentos de conducción, distribución, información, acumulación, regulación o control de la electricidad, aparatos de grabación, transmisión o reproducción de sonido o imágenes, soportes de registro magnéticos, discos acústicos, discos compactos, DVD y otros soportes de grabación digitales, mecanismos para aparatos de previo pago, cajas registradoras, máquinas de calcular, equipos de procesamiento de datos, ordenadores, software y extintores.

Clase 10

Aparatos e instrumentos quirúrgicos, médicos, odontológicos y veterinarios, así como miembros, ojos y dientes artificiales, artículos ortopédicos, materiales de sutura.

Clase 11 Aparatos de alumbrado, calefacción, producción de vapor, cocción, refrigeración, secado, ventilación y distribución de agua, así como instalaciones sanitarias.

12 Vehículos, aparatos de locomoción terrestre, aérea o acuática.

13 Armas de fuego, municiones y proyectiles, explosivos, fuegos artificiales.

Clase 14 Metales preciosos y sus aleaciones, así como productos de estas materias o chapados no comprendidos en otras clases, artículos de joyería, bisutería, piedras preciosas, artículos de relojería e instrumentos cronométricos.

15 Instrumentos musicales.

Clase 16 Papel, cartón y artículos de estas materias no comprendidos en otras clases, productos de imprenta, material de encuadernación, fotografías, artículos de papelería, adhesivos (pegamentos) de papelería o para uso doméstico, material para artistas: pinceles; máquinas de escribir y artículos de oficina (excepto muebles), material de instrucción o material didáctico (excepto aparatos), materias plásticas para embalar (no comprendidas en otras clases), caracteres de imprenta, clichés de imprenta.

Clase 17 Caucho, gutapercha, goma, amianto, mica y productos de estas materias no comprendidos en otras clases, productos de materias plásticas semielaborados, materiales para calafatear, estopar y aislar, tubos flexibles no metálicos.

Clase 18 Cuero y cuero de imitación, productos de estas materias no comprendidos en otras clases, pieles de animales, baúles y maletas, paraguas y sombrillas, bastones, fustas y artículos de guarnicionería.

Clase 19 Materiales de construcción no metálicos, tubos rígido no metálicos para la construcción, asfalto, pez y betún, construcciones transportables no metálicas, monumentos no metálicos.

Clase 20 Muebles, espejos, marcos, productos de madera, corcho, caña, junco, mimbre, cuerno, hueso, marfil, ballena, concha, ámbar, nácar, espuma de mar, sucedáneos de todos estos materiales o de materias plásticas, no comprendidos en otras clases.

Clase 21 Utensilios y recipientes para uso doméstico y culinario, peines y esponjas, cepillos, materiales para fabricar cepillos, material de limpieza, lana de acero, vidrio en bruto o semielaborado (excepto el vidrio de construcción), artículos de cristalería, porcelana y loza no comprendidos en otras clases.

Clase 22 Cuerdas, cordeles, redes, tiendas de campaña, lonas, velas de navegación sacos y bolsas (no comprendidos en otras clases), materiales de acolchado y relleno (excepto el caucho o las materias plásticas), materias textiles fibrosas en bruto.

23 Hilos para uso textil.

24 Tejidos y productos textiles no comprendidos en otras clases, ropa de cama y ropa de mesa.

25 Prendas de vestir, calzado, artículos de sombrería.

26 Encajes y bordados, cintas y cordones, botones, ganchos y ojetes, alfileres y agujas, flores artificiales.

Clase 27 Alfombras, felpudos, esteras, linóleo y otros revestimientos suelos, tapices murales que no sean se materias textiles.

Clase 28

Juegos y juguetes, artículos de gimnasia y deporte comprendidos en otras clases, adornos para árboles de Navidad.

Clase 29

Carne, pescado, carne de ave y carne de caza, extractos de carne, frutas y verduras, hortalizas y legumbres en conserva, congeladas, secas y cocidas, jaleas, confituras, compotas, huevos, leche y productos lácteos, aceites y grasas comestibles.

Clase 30

Café, te, cacao y sucedáneos del café, arroz, tapioca y sagú, harinas y preparaciones a base de cereales, pan, productos de pastelería y confitería, helados, azúcar, miel, jarabe de melaza, levadura, polvos de hornear, sal, mostaza, vinagre, salsas (condimentos), especias, hielo.

Clase 31

Granos y productos agrícolas, hortícolas y forestales, no comprendidos en otras clases, animales vivos, frutas y verduras, hortalizas y legumbres frescas, semillas, plantas y flores naturales, alimentos para animales, malta.

Clase 32

Cervezas, aguas minerales y gaseosas, y otras bebidas sin alcohol, bebidas a base de frutas y zumos de frutas, siropes y otras preparaciones para elaborar bebidas.

33

Bebidas alcohólicas (excepto cervezas).

34

Tabaco, artículos para fumadores, cerillos.

SERVICIOS

35 Publicidad, gestión de negocios comerciales, administración comercial, trabajos de oficina.

36 Seguros, operaciones financieras, operaciones monetarias, negocios inmobiliarios.

37 Servicios de construcción, servicios de reparación, servicios de instalación.

38 Telecomunicaciones.

39 Transporte, embalaje y almacenamiento de mercancías, organización de viajes.

40 Tratamiento de materiales.

41 Educación, formación, servicios de entretenimiento, actividades deportivas y culturales.

Clase 42 Servicios científicos y tecnológicos, así como servicios de investigación y diseño en estos ámbitos, servicios de análisis e investigación industriales, diseño y desarrollo de equipos informáticos y de software.

43 Servicios de restauración (alimentación), hospedaje temporal.

Clase 44 Servicios médicos, servicios veterinarios, tratamientos de higiene y de belleza para personas o animales, servicios de agricultura, horticultura y silvicultura.

Clase 45 Servicios jurídicos, servicios de seguridad para la protección de bienes y personas, servicios personales y sociales prestados por terceros para satisfacer necesidades individuales.

Para tener una adecuada protección no es necesario registrar en todas las clases, pero sí en aquellas que abarquen ámbitos en los que vayamos a comercializar dicha marca. No es raro comenzar con un registro en tres clases e ir ampliándolo conforme planeamos comercializar nuevos productos no recogidos en el grupo original.

Los registros deben hacerse de forma territorial, ya que no es suficiente la protección en un país para demostrar internacionalmente la propiedad de una marca, sino que es necesario hacerlo país por país o, en algunos casos, por región, como la Unión Europea.

En el caso de personajes, diseños, compilaciones o historias que tengan un contexto que sea sujeto de ser utilizado bajo explotación con fines de lucro, que contengan características únicas o distintivas y que hayan sido creadas por una persona o varias, en México, deberá ser presentado ante el Instituto Nacional de Derechos de Autor (Indautor).

c. Leyendas legales

Es la frase que incluye los datos de registro necesarios que deben ser expuestos de forma notoria y expresa en el empaque de un producto, en la promoción de un servicio, en las etiquetas o incluso en comerciales de televisión.

Es la forma en la que se hace pública la propiedad de una marca, el año de registro y el propietario en sí.

I. Leyenda corta

Es la línea que otorga los datos mínimos de registro necesarios que deben ser incluidos en el empaque de un producto. Normalmente es utilizada cuando hay restricciones de espacio en el empaque, etiqueta, comercial o diseño en el producto, por ejemplo, "Marca Registrada XXX (propietario), 2024.

II. Leyenda larga

Estas líneas dan información más detallada sobre el propietario de la marca, el año de registro bajo licencia de quien lo represente; es decir, quien responda por la explotación en dicho producto, dónde ha sido fabricado y si hay uno o más personajes que gocen de registros distintos en cada territorio, por ejemplo, "Los personajes de XXX (Marca), sus marcas y diseños son propiedad de XXX (propietario), otorgados bajo sublicencia de XXX (licenciatario maestro), Ciudad de México Año 2024".

d. Piratería

Es el uso ilegal e indiscriminado, con fines de lucro, de una propiedad intelectual protegida por derechos de autor y debidamente registrada sin retribuir de forma alguna a los autores o al propietario de la marca.

Muchas veces puede caerse en el uso incorrecto de una marca por ignorancia, pero por desgracia, esto no es lo común y (desafortunada o afortunadamente, no estoy segura) en nuestro país el desconocimiento de la ley no exime a nadie de cumplirla. Sin duda es muy atractivo explotar una marca famosa para obtener beneficios económicos o promocionales, pero siempre debe contemplarse una retribución a su creador o propietario. La inversión detrás de una marca, personaje o celebridad es de quien la lleva a cabo y su retorno le pertenece, y por lo mismo, si se presenta la oportunidad de explotar un producto o servicio asociándolo a ella, habrá que buscar, como mínimo, entrar en contacto con quien ostente su propiedad y pedir su permiso de uso bajo los términos que considere adecuados.

Y sí, aunque se conciba como un "homenaje", si se realiza con fines expresos de lucro, es decir, con un beneficio directo de por medio, deberá ser considerado una licencia y generar obligaciones, pues de lo contrario se tratará de un uso de explotación ilegal o, en otros términos, piratería.

I. Efecto piñata

No todos los efectos de la piratería son malos, hay negocios masificados que no necesariamente dañan una marca, y es el caso de las piñatas mexicanas, que reproducen objetos, personajes, o hasta políticos, y los convierten en las conocidas estructuras de cartón que se rellenan de dulces o frutas y se cuelgan de una cuerda para luego romperlos con un palo. De hecho, en mi país se usa con frecuencia la expresión "efecto piñata" y hace referencia a que la marca ya se ha posicionado de tal manera en el mercado, ha creado tal demanda de producto, que se vuelve deseable y omnipresente, un indicador casi infalible de que está lista para explotarse comercialmente como una licencia.

Esto no es una ley, ni mucho menos, pero sin duda es un referente que puede ayudarnos a leer qué tanto se inclina el mercado hacia uno u otro personaje.

e. Materiales desarrollados por terceros

Al otorgar una licencia, es común que la empresa que adquiere los derechos haga adaptaciones o modificaciones a la propiedad intelectual base, es decir, rediseñe o adapte los materiales disponibles, o incluso desarrolle propuestas gráficas que incluyan la propiedad intelectual para que se integre de manera más orgánica con la categoría que ha pagado por asociar a dicha marca.

En este caso, todos, absolutamente todos los derechos deben ser cedidos al dueño original, ya que al estar usando una obra bajo licencia se sobreentiende que habrá ciertas asociaciones o adaptaciones, y que éstas perderán vigencia cuando termine la vigencia de la licencia en sí.

En caso de ser obras hechas única y exclusivamente para el producto, o que deriven en una obra “nueva”, no podrán ser explotadas más allá del término de la vigencia del contrato, a menos que sea expresamente acordado entre las partes.

7. Proceso de venta de una licencia

Proyecciones de Ventas					
Licenciatario					
Territorio					
Vigencia					
MG					
Royalty					
Producto	Wholesale Price	Retail Price	Royalty Rate	Unidades	Total
	TOTAL				**USD 0.00**
				Royalty 12%	**USD 0.00**

PANADERÍA
baking brands

CONFIDENCIAL Y PRIVILEGIADO

<table>
<tr><td>1. Licenciante</td><td>Dirección:

RFC:

Contacto:
Nombre: Puesto: E-mail:</td></tr>
<tr><td>2. Licenciatario</td><td>Nombre:

Dirección:

RFC:

Contacto Comercial:
Nombre: Puesto: E-mail:

Contacto Desarrollo de Producto:
Nombre: Puesto: E-mail:

Contacto Financiero:
Nombre: Puesto: E-mail:

Representante legal:
Nombre: Puesto: E-mail:</td></tr>
<tr><td>3. Agente</td><td>La Panadería Licensing & Marketing, S.A. de
C.V. Calzada Mariano Matamoros número 9
Colonia del Carmen, C.P. 04100
Alcaldía Coyoacán, Ciudad de México

Contacto Comercial:
Nombre: Puesto: E-mail:

Contacto Marketing:
Nombre: Puesto: E-mail:</td></tr>
<tr><td>4. Estatus exclusividad</td><td>NO Exclusivo. Término no negociable en el contrato, por política corporativa, todas las licencias son no exclusivas, pero procuramos evitar el doble licenciamiento.</td></tr>
<tr><td>5. Tipo de Deal</td><td>☐ Nuevo Deal ☐ Enmienda ☐ Renovación</td></tr>
<tr><td>6. Marcas & Personajes licenciados</td><td>[Enlistar todas las Marcas y Reservas de Personajes, nombre local y original]</td></tr>
<tr><td>7. Productos</td><td>Producto:

Los derechos otorgados no se pueden sublicenciar a terceros.
En caso de querer vender los Productos Licenciados con un premio y/o distribuir premios promocionales debe ser previa aprobación del Licenciante.</td></tr>
<tr><td>8. Proyecciones de ventas</td><td><table><tr><td>Artículo licenciado</td><td>Unidades proyectadas</td><td>Precio de venta distribuidor</td><td>Precio de venta estimado</td><td>Fecha de lanzamiento</td><td></td></tr></table></td></tr>
</table>

			$	$	
			$	$	
			$	$	

9. Término	Vigencia: Sell-off: 90 días
10. Fecha de lanzamiento	Si no han lanzado después de un mes de la fecha establecida, el Producto o categoría será excluida del Contrato. Si se trata de todos los Productos Licenciados, el Licenciante tendrá el derecho de darlo por terminado anticipadamente sin necesidad de declaración judicial y sin responsabilidad.
11. Territorio	
12. Muestras gratuitas para Agente y Licenciante	Agente [#] muestras Licenciante [#] muestras Para entrega en sus respectivos domicilios

13. Canales de distribución

Marque con una "X":

	Aeropuertos y tiendas Duty Free		Distribuidores Autorizados		
	Tiendas de libros		Ventas de puerta en puerta		Tiendas de música/ video
	Tiendas de regalos, artículos de fiesta		Farmacias		QSR
	Ventas por catálogo		Tiendas especializadas		Online and E-tail
	Clubes de precios		Tiendas de comida y dulces		Tiendas de autos
	Tiendas de conveniencia		Puestos de periódicos y revistas		Tiendas de juguetes/ videojuegos
	Tiendas Departamentales		Mayoristas		Otros: (especificar) Mid Tier

14. Garantía mínima

Monto total: $ Moneda [**]

Calendario de pagos:

[día/mes/año]	[monto]

15. Seguro del Licenciatario	*[Póliza] [aseguradora]* El Licenciatario debe mantener a su costo y responsabilidad durante la Vigencia un Seguro de Responsabilidad Civil con una cobertura de al menos USD$**, de una aseguradora de reputación, que cubra cualquier reclamación, demanda y acción derivada de los Productos Licenciados.
17. Regalías	**% Ingresos Netos. **% FOB (de ser aplicable) Estimaciones y proyecciones: Ventas proyectadas por $** Las Regalías se deben reportar 15 días después de cada trimestre calendario. El Licenciante tendrá derecho a auditar al Licenciatario, por sí o a través de terceros, en horarios y días de oficina, previa notificación con 15 días de anticipación.

18. Aprobaciones de artes	Todos los productos, empaques, embalajes, etiquetas, materiales promocionales y artes utilizados en relación con los Productos Licenciados deberán ser previamente aprobados por la Agencia dentro de los 10 días siguientes a su recepción.
19. Fondo de Marketing	1% de Ventas Netas N/A % Royalty por uso de música (sólo en caso de ser aplicable)
20. Inversión en Promoción y Publicidad	Monto: Notas:
21. Holograma de seguridad en cada producto	El Licenciatario se obliga a incorporar, a su costo y en cada uno de los Productos Licenciados, un holograma que le será provisto por la Agencia o por el tercero expresamente indicado por ésta, una vez aprobadas las muestras. Si el Licenciatario es omiso en realizar la incorporación del holograma en 1 (un) mes siguiente a la fecha de lanzamiento de los Productos Licenciados será causal de terminación anticipada, sin necesidad de declaración judicial y sin responsabilidad alguna para la Agencia y el Licenciante, dejando a salvo las acciones legales que les asistan para reclamar daños y perjuicios. El Licenciatario deberá notificar a la Agencia y/o al tercero que ésta le indique de forma previa, con la antelación necesaria, el número de productos a comercializar, con el fin de que la Agencia y/o el tercero que ésta designe se coordine con el propio Licenciatario a efecto de tener disponibles los hologramas para cada uno de los productos.
22. Cuenta bancaria y titular	Titular: Banco: Cuenta: Clabe: Sucursal: Interés moratorio a una tasa mensual equivalente al 6% (seis por ciento) de la cantidad que debió haber sido cubierta hasta la fecha en que la misma sea efectivamente cubierta. Cada parte será responsable del cumplimiento de sus obligaciones fiscales conforme a las leyes aplicables, y en su caso, de entregarse los correspondientes certificados de residencia y retención.
23. Incumplimientos Licenciatario	Incumplimientos no subsanados dentro de los 10 (diez) días siguientes a su notificación o no subsanables traerán como consecuencia el pago de una pena convencional equivalente al 100% de la Garantía Mínima más Regalías.
24. Ley aplicable y jurisdicción	México y Tribunal Superior de Justicia de la Ciudad de México.

Enteradas de su valor y fuerza legal del presente DEAL MEMO, las partes lo firman de conformidad en la Ciudad de México, a ** de ** de **.

LICENCIANTE	**LICENCIATARIO**	**LA AGENCIA**
____________________	____________________	____________________
Por:	Por:	Por:
Cargo:	Cargo:	Cargo:
Fecha:	Fecha:	Fecha:

8. Proceso de aprobación de arte de una licencia

1
El LICENCIATARIO envía el concepto en etapa de brief o etapa final de preproducción o muestras de preproducción al LICENCIANTE o AGENTE a través de una propuesta.

2
El LICENCIANTE o AGENTE revisa el contenido de la propuesta para determinar si el diseño cumple con las directrices creativas recomendadas.

3 **ó** **4**

3
El LICENCIANTE o AGENTE regresará dicha entrega si la propuesta de arte es completamente inconsistente, entonces no será aprobada hasta que el LICENCIATARIO rediseñe y haga las correcciones marcadas.

4
Si el LICENCIANTE o AGENTE encuentra que la propuesta y/o el concepto cumplen con los parámetros creativos, se enviarán comentarios oficiales al LICENCIATARIO.

5
El LICENCIANTE o AGENTE podrá: **Aprobar**, **No aprobar** o **Aprobar con cambios** dicha propuesta de arte.

Nota:
Si hay un requerimiento específico sobre el arte, entonces se podrá poner a discusión

9. Reportes de venta

Reporte de Ventas

LICENCIATARIO Nombre del licenciatario

PERIODO EJ. Q3-2025 1°-Octubre 2025 al 31Diciembre 2025

DESCRIPCIÓN	SKU	MARCA	PRECIO UNITARIO	PROYECCIÓN	UNIDADES VENDIDAS	VENTA NETA	DEVOLUCIONES	REGALÍAS %	REGALÍAS %
						$ -			$ -
						$ -			$ -
						$ -			$ -
						$ -			$ -
						$ -			$ -
						$ -			$ -
						$ -			$ -
						$ -			$ -
						$ -			$ -
						$ -			$ -

10. Regalías

La regalía se calcula según el volumen de venta y desplazamiento de producto, y su margen de utilidad, y ambos están normalmente relacionados entre sí. Por otro lado, el precio del artículo a licenciar tiene un peso muy importante en el cálculo de la regalía.

a. Cómo aplica el porcentaje por categoría

- Cuando se trate de un producto de alto volumen (léase, de miles a millones de piezas en un tiempo reducido, tal vez de un mes o dos, como es el caso de pañales, dulces, bebidas, botanas, estampas coleccionables, etcétera), regularmente los márgenes son menores y se compensa con volumen, por lo que la regalía oscila aproximadamente entre el 1 y el 5 por ciento. Estos son rangos amplios y deben calcularse para hacer viable el negocio.
- Cuando la relación sea de bajo volumen y bajo margen, se incluirá un tercer factor y se calculará según el precio, y ahí el porcentaje oscilará entre el 5 y el 8 por ciento; esto normalmente aplica en electrónicos o en productos de lujo con precios muy altos.
- Cuando la relación sea de volumen medio y margen promedio, estableceremos la regalía más común; las cantidades irán de cientos a miles de unidades por año, con un margen promedio del 20 al 30 por ciento, y aplicará una regalía entre el 10 y el 16 por ciento.

Más allá de números, porcentajes y cláusulas, creo que es importante que quede claro algo fundamental: al final, lo que hacemos es vender o construir relaciones de beneficio mutuo y que duren la mayor cantidad de tiempo posible, pues si bien hacer una venta puede ser algo relativamente fácil, mantener un cliente por largo plazo no lo es tanto.

Pensemos que comprar una licencia implica riesgos para cada una de las partes; para los dueños o agentes, que tienen que decidir entre cerrar con uno u otro cliente, lo que conlleva un costo de oportunidad, y para quien adquiere la licencia, pues implica invertir tiempo y en dinero con la esperanza de que todo funcione como se planea y que a veces desgraciadamente no sea así. En esos casos, cuando las cosas no salen como planeamos, es cuando debe prevalecer la relación por encima de los negocios.

Por ello, una vez que he presentado las herramientas y previsiones para que el negocio de la licencia funcione, me siento en la necesidad de explicar que, aun cuando siempre quisiéramos tener una solución y nos armemos de todo el conocimiento posible, el éxito no siempre depende de nosotros; debemos tener alternativas de solución, pero sobre todo prever riesgos y minimizar las consecuencias. Por supuesto que en treinta años hemos cometido cientos de errores y hemos pagado las consecuencias de la mano de uno que otro cliente (afortunadamente no muy seguido o ya no habría nacido la Panadería), pues no tenemos la verdad en la mano (me atrevería a decir, incluso, que en esta industria nadie la tiene), aunque la experiencia nos ayuda a cometer menos errores cada vez.

Ante esto, mi consejo es: hay que tener paciencia y buscar arreglos que beneficien a todas las partes. Es muy tentador ir por garantías mínimas muy altas y asegurar el ingreso como propietario de la marca, pero a la larga es mucho mejor ir por un negocio a largo plazo que muy probablemente pagará mucho más. Estos son algunas de las alternativas con las que podemos jugar de la mano del cliente y que sea más una sociedad que una venta:

- Cuando se trata de categorías muy competidas, se reduce el margen de maniobra y la capacidad de operar, pues inevitablemente se generan "subastas" entre los jugadores más importantes del mercado, particularmente si se

trata de una marca muy caliente en el mercado o que "garantiza" un negocio de bajo riesgo; aquí normalmente las apuestas son mayores.
- Cuando es una marca media, prometedora y con buena aceptación en el mercado, y tenemos la posibilidad de escoger al mejor jugador con quien queremos desarrollar tal o cual producto en ciertos canales de distribución, podemos jugar con garantías mínimas más bajas y con regalías más altas, lo cual baja el riesgo para el cliente y asegura una ganancia mayor para el dueño de la marca si es un éxito.
- No siempre tienen que pagarse regalías puras sobre precio de venta a distribuidor o precio de venta, también podemos intentar modelos participativos (aunque es muy poco común, sobre todo en marcas transnacionales), donde se repartan las utilidades de la venta; en este caso lo recomendable es topar los costos para que las reglas queden claras desde un inicio y no haya confusiones futuras.
- Al final, toda negociación lleva implícitos los intereses de las partes, debemos intentar que los de ambos estén representados en el acuerdo, pues mientras más balanceados estén los términos de la licencia, más seguro será que el proceso vaya sin contratiempos, y por ende, que se renueve continuamente. Esa es la labor de un buen agente, encontrar el balance entre licenciante y licenciatario.

Por último, si bien es muy común en nuestro medio hablar de portafolio de marcas, la verdad es que a mí me gusta más saber que tengo un portafolio de clientes que hemos construido por años. Las marcas cambian, van y vienen, pero lo importante siempre es tener en mente que quienes deben permanecer entre más tiempo, mejor son los clientes.

EL FINAL

Por fin ha llegado nuevamente al final de este documento, mismo que recoge en gran medida las experiencias que he tenido la fortuna de vivir todos estos años, y refuerza todo lo que empezamos a construir desde La Panadería; experiencia que a 10 años de haber publicado la primera edición de estos Mandamientos continúa sorprendiéndome cada día, después de sobrevivir una pandemia global, la llegada y retiro de marcas inesperadas, fracasos insospechados, aprendizajes invaluables y mi entrada al Salón de la Fama de Licensing International, el mejor legado de vida que pude haber tenido como profesional, pues soy la primera mujer latina, y la más joven de la historia, en entrar a una lista que comparto con mis ídolos Walt Disney, George Lucas y Charles M. Schulz, y empresarios que me inspiraron y abrieron camino, como Elias Fasja y muchos otros fuera de México.

Quisiera cambiar las palabras de la edición anterior, pero es que al releerlas de verdad que no queda más que agradecer el tiempo que se han tomado para leer estas líneas, permitiendo que hoy "REcumpla" un sueño más, y que deje huella del trabajo de todas y cada una de las personas que he podido conocer a lo largo de mi camino y que me han acompañado en todas circunstancias, tanto las buenas como las malas. Que me han ayudado a tomar decisiones a cada paso y permitido ser la cabeza de este gran equipo. Ellos, mis colaboradores, me han dejado errar y ayudado a levantarme, así como impedido que me equivoque y escuchado para dar mi punto de vista –siempre con respeto– y desahogarme cuando lo he necesitado.

Esta vida, que no separa la profesional de la personal, que es la real, la de cada día, es sólo UNA; una vida de la cual forman parte aquellos con los que camino. Yo he tenido el privilegio de que quienes han compartido mi aspecto profesional, hoy son mi vida misma, mi familia, mi lugar seguro y además... me caen bien. Sin su experiencia y sus comentarios, además de los cientos de revisiones por parte de la editorial, hubiera sido imposible actualizar este documento del cual me siento plenamente orgullosa, pero sobre todo ilusionada de que pueda convertirse en un libro de consulta para quien lo quiera pueda entender un poco mejor este maravilloso mundo de las licencias, al cual le he dedicado mi vida y le dedicaría, si las tuviera, mil vidas más.

www.ingramcontent.com/pod-product-compliance
Lightning Source LLC
LaVergne TN
LVHW052137041026
849558LV00043B/565
9789709688801